U0822762

灰楼岁月 双甲子记

白谦诚 陈继东 主编

中国传媒大学出版社
·北京·

北京廣播学院

北京广播学院第一期开学纪念合影（1959 年）

新闻系 59 级编采专业二班毕业合影（1963 年）

新闻系 59 级编采三班毕业合影（1963 年）

新闻系文艺专业毕业合影（1963 年）

新闻系播音专业毕业合影（1961 年）

新闻系摄影专业毕业合影（1963 年）

北京广播学院首届英语班毕业合影（1965 年），其中姜绍禹（第二排左三）、喜万仓（第二排右四）、王尤莹（第三排右一）、章杏娣（第二排左一）、马元和（第二排左五）5 人由新闻系 59 级转入

2013 年 9 月，新闻系 59 级校友返校参加毕业 50 周年活动时的合影

2013 年 9 月，新闻系 59 级校友参观中央电视台新址时的合影

2014 年 9 月，新闻系 59 级校友返校参加校庆 60 周年活动时的合影

2017 年，新闻系 59 级校友代表向校史馆捐赠藏品时的合影

代序：你好！我们的双甲子

张振华

2019年是新中国成立70周年。在新中国成立的第10个年头，即1959年，一所专门为广播电视培养专业人才的大学诞生了，她就是北京广播学院（我们常称她为广院）——现在的中国传媒大学。

彼得·海尔说："历史是一出没有结局的戏，每个结局都是这出戏新的情节的开始。"广院创办初期只设新闻、外语、无线电三个系。新闻系下设新闻编采、电视摄影、文艺和播音四个专业。而如今中国传媒大学的新闻学院、电视学院、播音主持艺术学院等二级学院在相当意义上都是从当年的新闻系分蘖、派生、发展而来的。可以说，原广院新闻系对后来学校一些学科及院系的建设与发展具有基础性、母体性的贡献与意义。当然，今天这些二级学院在教学的规模与体量，教学体系的科学性、完整性，以及教学水平的高度与深度上又是当年新闻系几个专业远不能比的。这是历史发展逻辑的应然与使然。

今年是广院新闻系创办60周年，也是作为首届新闻系学生的我们入学60周年。面对这两个60年，年逾（近）八旬的我们可谓既欣喜又感慨，万般思绪化为一句发自心底的悄声问候："你好，我们的双甲子！"此外，似乎觉得还应该为之做点什么，留下点什么。

2013年，为了纪念我们毕业50周年，来自全国各地的60多位同学曾集体返校。我们受到当时的校领导及校友会的热情接待，同时参观了中央三台。我们虽已耋老，但母校正年轻，并且以其在广播电视及新闻传播领域鲜明的科研与教学特色自立于大学之林。看到学校的发展,大家当然为之高兴、为之自豪,但使同学们魂牵梦绕的,始终是复兴门外真武庙二条 9 号那座毫不起眼的灰楼。虽然它是广院初创时期集办公、教学、会议室、图书馆、实验室、医务室、食堂、宿舍于一身的唯一一所建筑,绝对是大学中的"寒门",但它毕竟是我们这届"寒门学子"难忘的 4 年大学生活的安身之所、筑梦之地和走向祖国四面八方的出发点。作为我们青春的老宅、精神的故乡,它虽然早已荡然无迹,但在我们心中,却是永恒的存在。在那次返校交谈中,"灰楼",成了同学们反复提及且令人心动的一个词。

那次毕业 50 年返校活动带来了两个后续产品:一是离校后同学们纷纷围绕着母校情、师生情、同学情、事业情撰写了回忆录,并在校友会和母校出版社的支持下,集纳成书,书名为《永远的灰楼》,由张清廉同学担任主编,谢荫达同学任副主编,原北京广播学院副院长赵玉明,原新闻系主任曹璐为之撰写了序言;二是为了保持联系和便于沟通,在孟昭琴同学的操持和同学们的积极参与下,建立了一个有近 70 名成员的微信群,群成员的平均年龄即便不是所有微信群中最高的,起码也是之一。至于群名,则是由灰楼和我们入学的年份连缀而成的,叫作"灰楼－59"。

"历史睡了,时间醒着"。我们在广院新闻系创办初期的 4 年学习生活虽然已过去 60 年,但它并没有睡去,反而在同学们心中越发清晰地显影,似乎向我们发出某种呼唤,希望以某种形式从历史中跳转出来。于是就有了这份以微信群为信息汇集、甄选、推敲与沟通的平台,由白谦诚主笔,在其他同学的热情参与下完成的广院新闻系 59 级大事记。

它虽说是新闻系 59 级的大事记,但在一定意义上也是广院创办初期新闻系历史乃至校史的一部分。

冯骥才说:"历史离去时,有时也十分有情,它往往把自己生命的一切注入一件遗落的细节上。细节常常比整体更具魅力。"爱默生则说:"历史只是一些僵硬的事实,但是只要经过认真的思考,就会成为活跃的思想。"确实,这份大事记记录的事实不仅过于微观和细碎 ,而且都是颗粒性的、孤立的、干巴的，但如果把它们串联起来，纵而观之，就会发现爱默生所说的"思想"。

比如，通过大事记一系列点状式记载，我们会发现学校一直秉持的理论教育与实践教育相结合、课堂教育与社会教育相结合、知识技能教育与思想理念教育相结合这一办学思想、教育理念在教学实践中是那么鲜明、那么生动、那么丰富。

从大事记我们可以看出，为了使大家的学习尽可能地贴近广播电视与新闻报道的业务实际，学校不断地邀请新闻界及广播电视界的前辈为大家授课。比如，约请《人民日报》副总编安岗，《人民日报》和新华社的著名记者田流、陈柏生等讲新闻采访与写作；请孟启予、杨兆麟、夏之平等广播电视界前辈讲广播电视新闻报道，请齐越、夏青以及张之给大家讲解播音与朗诵，以及体育实况转播；请中央电台的音乐编辑康普、张鸣剑为大家讲解外国音乐；请刘宝毅讲广播剧创作；请王诀、马季、刘宝瑞讲曲艺创作及表演。这些实践性、实用性极强的教学对我们参加工作后较快地进入角色大有裨益。

从大事记中我们还可以看到，为了拓宽学生的知识面，使大家尽可能多地了解社会的方方面面，从而成为一个"杂家"，在温济泽老师的主持下，新闻系开了一门别具特色的课程，叫"社会知识课"。教学方法之一是：约请各行各业的名家给同学们授课。比如请吴晗、吕叔湘、徐世荣、周巍峙、周振甫、韦君宜、周立波、李伯钊、谢铁骊讲历史，讲语言学，讲文艺创作、文学创作、戏剧创作、电影创作。教学方法之二是：通过深入基层或各种参观来体察社会，增长见识。大事记记述了同学们到丰台区的黄土岗大队、朝阳区的东坝大队、昌平区的南口绿化大队以及石景山钢铁公司、北京珐琅厂参加劳动或做社会调查的情况；记述了组织学生参观历史博物馆、自然博物馆，参观全国工业交通展、全国农业展、全国少数民族展、全国改造罪犯成果展、全国广播事业发展展、中印边界问题真相展，以及参观雷锋事迹展、梅兰芳艺术生活展、鲁迅故居及鲁迅博物馆等情况。

为了使同学们能够从国内国际两个大局上树立大局意识和宏观思维，学校十分重视形势教育，不时地约请一些党政部门的负责同志做专题形势报告。比如，当时的外交部副部长宦乡，中央编译局副局长姜椿芳，教育部副部长叶圣陶，老红军、地质部副部长何长工，统战部副部长许涤新，卫生部部长傅连暲等到校做报告的情况在大事记中也有记述。

正是得益于上述教育思想和教学实践，同学们在学识、技能、视野、思维、人格上，在社会担当与社会责任感上，都得到了较好的滋养，打下了较好的基础，大家在走上工作岗位后陆续成为各级广电的骨干。

总之，“观今宜鉴古，无古不成今”。通过这份大事记，我们可以清晰地了解今天的中国传媒大学如何从历史中走来，又如何在新的时代继续发展。

记忆力逐渐衰退的我们，要把60年前的事情写具体、写准确，谈何容易。白谦诚同学为了完成这份大事记倾注了极大的热忱。为了某一个、某几个细节，不停地征询信息和意见，一次次地增补和修正，体现了一种严谨的治学风格和修史精神。

白谦诚出生在吉林白城一个普通的农民家庭，他勤奋好学，善思考，喜钻研。他先是在中央人民广播电台新闻部做编辑，获评高级编辑职称；后进入广播电视部政策研究室、《中国广播电视学刊》、中国广播电视学会、中国电视艺术家协会、主持人研究委员会等多个部门担任领导工作，创办了“金话筒”奖。他著有《广播纵横》《峥嵘岁月——见证中国主持人25年》《中国广播电视学》(合著)，并获得过全国广播电视“十佳理论工作者”称号。这份大事记可以说是他献给母校，特别是献给新闻系开办60周年，以及我们入学60周年这个双甲子的一份史记性礼物。他是在抱病情况下完成这份工作的，其心其情，可掬可鉴，其愿其志，可感可佩。正因如此，当他提出要我为此写篇序文时，自感不便推托，遵而从之，恰得以借此对他表示增援、送上敬意。

同样应该感谢的，还有中国传媒大学传媒博物馆(校史馆)展陈部主任陈继东。当她应约以副主编身份介入该书的编辑工作之后，便以满腔热忱使该书文稿、照片的收集、整理、编辑以及联系校友会、到出版社落实该书出版等一系列事宜的节奏大大提速，效率大大提高。她对我们这届耄耋学长的隔代情感是她倾心投入本书编辑出版工作的精神动力之一，十分难得。

此外，还要感谢中国传媒大学传媒博物馆（校史馆）及校友会。因为这份大事记得以出版并成为校史中一份特殊的“史记”，也得益于校领导对我们这一届学子格外的关照，传媒博物馆、基金会、校友会发现这份大事记史料价值的独到眼光以及在编辑出版上给予的具体支持。

最后，在广院新闻系首次张开她的怀抱，以及我们最先投入她的怀抱的60年后，又一个金色九月一步步向我们走来，我们迎上去，对它大声喊道：“你好，我们的双甲子！”同时，衷心祝愿我们的母校踏着时代的节拍，砥砺前行，不断铸就新的风采、新的卓越！

2019年2月16日

目　录

大事记与名录

入　学

灰　楼　情

告 别

怀 念

大事记与名录

北京广播学院新闻系59级大事记

"灰楼—59"集体编撰　白谦诚执笔

1956年

5月28日　中共中央政治局委员、书记处书记刘少奇在听取中央广播事业局局长梅益关于广播事业发展计划的汇报时，提议创办培养广播干部的高等学校。刘少奇说："你们为什么不办大学？搞一个大学好。应该有一个大学来训练广播干部。"参加听取这次汇报的还有陆定一、张际春等领导同志。

8月　中央广播事业局召开第四次全国广播工作会议，确定筹办培养编辑、记者和播音员的专门学校。

1958年

9月2日　中央广播事业局直属的第一所高等学校——北京广播专科学校在中央广播事业局广播技术人员训练班的基础上正式成立。

9月11日　中央广播事业局党组、编委会议决定：1959年开办北京广播学院。

1959年

2月21日　中央广播事业局党组扩大会议研究决定建立北京广播学院，确定规模为：在校学生5,600人、教职员工1,400人，共7,000人，报教育部审批。

2月23日　北京广播专科学校向中央广播事业局报送《关于建立北京广播学院的问题》的报告，提出1959年本科招生500人，短训班招生530人的计划。

4月2日　教育部下发计财计（16）第183号文件，同意成立北京广播学院。

4月13日　北京广播学院建院筹备委员会成立，中央广播事业局副局长李伍任委员会主任。筹备委员会确定学院的方针任务是：为适应广播电视事业的发展需要，积极培养广播电视方面的高级人才，包括编辑、记者、播音员、翻译、工程技术人员等，以培养本科生和专科生为主，以培训在职干部为辅。

4月20日　中央广播事业局在给教育部的《关于建立北京广播学院的补充报告》中，正式提出建立外语系。外语系是四年制，从暑期开始招生。无线电系和新闻系也从1959年暑期开始改为四年制，部分两年制。短训部学生的学习时间为半年到八个月。

6月25日　中央广播事业局副局长周新武在给局党组写的广播学院基建任务书中提出，广播学院办学的最大规模为5,200人，即学生4,200人、教职员工1,000人。其中新闻系每年招生300人，五年在校生1,500人。此报告经梅益局长签批后报教育部。

8月18日　新生审查录取工作结束。此次招生共审阅考生材料1,200份，录取新生573名。

同日，建院筹备委员会召开会议，讨论学生政治教育问题，决定先开哲学和中共党史课。

8月19日　建院筹备委员会召开会议，讨论公共外语课的设置问题，决定公共外语课新闻系学生学两年，每周四学时。

8月31日　中央广播事业局内定由副局长周新武主管学院工作。

9月5日　北京广播学院首批新生报到结束。共招生573人，其中新闻系 240 人、无线电系 278 人、外语系 55 人，加上原广播电视专科学校学生 344 人（包括外语班 11 人），全院在校学生共 917 人。

9 月 7 日　上午 9 时，“北京广播学院成立大会暨首届新生开学典礼”在广播大楼音乐厅举行，周新武主持，中央广播事业局局长梅益代表局领导讲话，教职工代表张绍高、伊朗波斯语专家法吉米、老同学代表熊惠民、新同学代表张梅荣等先后发言。梅益在讲话中宣布：院长和党委书记须由中央和国务院任命，现由周新武主持学院工作。他宣布左荧、周云庭、刘永嵘为副院长，并分别主持广播电视系（即新闻系）、外语系和无线电系的工作。开学典礼结束后，梅局长和全院师生在广播大楼前合影留念，电视台拍了资料片。

当天晚上，中央广播事业局在广播大楼音乐厅举办文艺晚会，有广播乐团合唱队，广播电视实验剧团、说唱团的表演，有朱崇懋的独唱，侯宝林、刘宝瑞的相声，还有为庆贺广播学院开学而创作的诗朗诵《欢迎红色的宣传员》。

新闻系的教职工队伍由三部分人组成：一是中央广播事业局从中央人民广播电台、研究室、地播部等直属单位抽调的一批领导干部和业务骨干；二是调入的高校调干毕业生；三是来自中国人民大学新闻系等高校的应届毕业生。

建院初期，新闻系设有六个教研组：新闻理论、广播史、编辑、采访、摄影和语言文学。

新闻系 59 级学生分为三个班：一班班主任姜宇辉、班长马生德，二班班主任李振水、班长李涌泽，三班班主任武子芳、班长王根旺。每个班有 80 人左右。

59 级学生中有 19 名中共党员，他们组成了一个学生党支部，来自浙江的转业军人黄岩任第一任党支部书记。每个班有六七名党员，他们组成一个党小组。另外，每个班还有选举产生的团支部和班委会。

9 月 8 日　著名教育家、教育部副部长叶圣陶，语言学家吕叔湘、林焘、徐世荣等应邀来广播学院研究汉语课的设置和教师的配备等问题。

左荧副院长规定，广播学院的学生每天晚上必须收听中央人民广播电台的全国联播节目。从开学之日起，学院广播站每晚 8:30 转播中央台联播节目，之后播送本站节目。

9 月 9 日　周新武院长做关于学习中共中央八届八中全会（庐山会议）文件的报告。

9 月 15 日　《北京广播学院院刊》创刊。

9 月 16 日　全院师生在工会大楼听由中央人民广播电台国际部副主任江炎所做的关于中印边界问题的报告。

9 月 18 日　中央广播事业局党组、编委讨论确定北京广播学院的培养目标为：1.具有一般的马列主义理论基础，关心国内外时局，能正确理解并坚决贯彻党的各项政策；2.具有坚定的无产阶级立场和世界观，养成敢想、敢说、敢做和实事求是的共产主义风格和高尚的道德品质，忠实于社会主义、共产主义事业；3.养成刻苦学习、热爱劳动、团结友爱、艰苦朴素的习惯和作风；4.有一般的生产知识和社会知识，文字通顺、语法无误（广播电视系还要具有一定的写作水平）；5.通晓并能掌握广播宣传或广播技术的基础业务知识和技能，学会一种外国语言；6.具备健康的体格，达到国家对一般高等院校学生的体育要求。

9 月 21 日　中共北京广播学院委员会举行第一次全体会议。会议决定：新闻系由左荧、杨林、康荫、苑子熙、陈海峰、张文翥、姜宇辉等组成领导核心。

同日，学院公布将参加十年大庆游行。从第二天起，全院开始打扫卫生，练集体舞，在长安街旁列队欢迎外宾，参加国庆联欢彩排。

9 月 22 日　学院草拟给教育部的公文，请示批准我院新闻系和无线电系的学制为五年，外语系的学制为四年。

9 月 26 日　我校全体共青团员获得全国第一批发放的共青团团徽。

9 月 27 日　星期天，全院不休息，上午做游行用的鲜花，下午到中山公园音乐堂，听中央广播乐团的国庆音乐会。

9月29日　中央统战部副部长兼工商行政管理局局长许涤新，在广播大楼音乐厅给我院学生做关于总路线的报告，这是学习八届八中全会文件的解答报告。

10月1日　59级学生白天参加国庆游行，晚上参加天安门广场的国庆联欢。

10月7日　59级学生到北京郊区黄土岗人民公社参加秋收劳动，为期20天。

在黄土岗劳动期间，教育部和中国科学院语言研究所联合举办普通话语音研究班。新闻系选派张清廉、徐起、高蕴瑛等八人，随王璐、金恭尉两位老师前去进修，为期一个月。修业期满后，他们回校担任语音教学的辅导员。

10月19日　国家主席刘少奇到中央广播事业局视察工作，他对广播事业局的干部培养问题表示了极大的关心，强调指出："广播是一项专业，它不同于报纸和通讯社。你们需要的干部应由你们自己来培养，包括在职干部的培训。广播、电视事业今后要大发展，必须尽早培养各种人才，包括外语干部、记者、播音员和工程师。"

10月29日　参观全国改造罪犯工作成果展览会。

10月31日　上午，新闻系全体同学在老302宿舍院里开会，杨林副主任作报告。他宣布了两件事：1.新闻系学制由四年改为五年。2.本系全称是广播电视新闻系，简称新闻系。

下午，新闻系第二次分班：由三个班分为六个班。

11月1日　新闻系正式开课，最早开了两门课：语音课和外语课。语音课由北京师范大学徐世荣教授主讲，王璐老师辅导。第一天上课时老师先为每位同学录音，准备学完以后对照听，看进步有多大。

外语课按学生在高中所学的语种，分为俄语班和英语班。俄语班人数多，原来的六个班不变；英语班由各班抽出来的学生组成，只有一个班。

11月7日　中共中央马恩列斯著作编译局副局长姜椿芳做关于纪念十月革命42周年的报告。

11月8日　星期天，学院组织50名学生到农业社帮助抢收大白菜。

11月9日　在广播大楼音乐厅听三位全国群英会代表的报告，他们是：武钢总设计师李凤恩、北京市第三建筑工程局洋灰工丁庆云、江苏省无锡市第二商店服务员孙荣(云?)华。

11月17日　新闻系59级师生去北京展览馆参加全国工业交通展览会。这是将社会知识课作为教学内容组织的第一场参观活动。社会知识课是北京广播学院新闻系开设的独具特色的课程，旨在通过参观、听报告、看科教电影等活动，开阔学生视野，增长学生的社会知识和生产知识。

11月21日　参观鲁迅故居和鲁迅博物馆。

12月4日　北京广播学院首届学生会正式成立。专修班学生戴根林任主席，新闻系59级学生张效炎等三人任副主席，武福礼任宣传部部长，李含智任生活劳动部部长，樊保安任群众文化部部长，于文平任军体部部长。

12月6日　参观广播大厦。

12月8日　参观人民大会堂。

12月9日　开会纪念“12·9”学生运动。

12月12日　去民族文化宫参观全国少数民族展览。

12月27日　去农业展览馆参观全国农业展览。

12月28日　梅益局长做形势报告。

1960年

1月7日　参观民族文化宫。

1月22日　学院党委会议讨论专业设置问题。会议决定：今年增设电视技术和电视摄影两个专业。

1月23日　参观历史博物馆。

1月26日　北京师范大学举办14院校文艺汇演，北京广播学院表演了大合唱及小合唱《歌唱光荣的八大员》。

1月29日(农历正月初二) 学院组织寒假未回家的部分同学，回访我们曾经劳动过的黄土岗人民公社，给老乡拜年。

1月 原中央广播事业局副局长、1958年被划为“右派”的温济泽同志(1978年改正错划)调到北京广播学院新闻系，做资料整理工作。

2月2日 学院党委召开会议，讨论课程设置和教学问题，决定：新闻系开设语法课。

同日，参观自然博物馆。

2月6日 周新武院长给全院师生作国内形势报告。

2月18日 参观石景山钢铁公司。

2月20日 杨林副主任做关于新闻系教学工作的报告，他宣布新闻系的学制改回四年，要学习30多门课。

2月26日 中央人民广播电台著名播音员齐越在粉楼食堂讲朗诵课。他请59级学生唐宏仁试播了一段新闻，并加以点评。讲完课后，应同学们的强烈要求，齐越朗诵了毛主席诗词《沁园春·雪》、七律《送瘟神》等。

2月27日 教育部函复中央广播事业局，同意广播学院增设电视技术和电视摄影专业。

2月28日 在广播大楼前广场欢迎为保护国家财产、只身与匪徒搏斗而失去双手的全国劳模徐学惠，并通过有线广播收听了她的报告。

3月12日 各班团支部和班委会联合召开学习毛主席《为人民服务》的讨论会。

3月15日 参观广播事业展览会。

晚上，学院文工团在广播大楼音乐厅为来京开会的全国各地广播电台台长演出，高蕴瑛、张陵报幕。为活跃校园文化生活，学院文工团是在经费极度短缺的情况下，由学院拨款组建的。学院团委书记功勋任团长，学生会副主席、外语系学生孙蓉和学生会群众文化部部长、新闻系59级学生樊保安任副团长。文工团下设合唱队、舞蹈队、话剧队和乐队。保留节目有：小合唱《歌唱八大员》、谢文芬独唱《云南小调》、舞蹈《快乐的啰唆》(主演:李安琪)、乐曲《学院的早晨》等。上述节目曾参加北京高校会演,其中《歌唱八大员》还在北京电视台(央视前身)直播。乐队曾在广播大楼为周总理等党和国家领导人参加的周末舞会伴奏。

3月24日　参观北京第一机床厂。

晚上10:30,召开全院师生员工大会,周新武院长讲伙食问题。由于计划不周,学生食堂本月份的粮食到明天就吃完了,缺粮约7,000斤。会上,周院长讲明了解决伙食问题的方针和办法。总务处处长作了检讨。

3月29日　晚上,在广播大楼音乐厅观看广播乐团准备到中南海演出的节目的彩排。

4月3日　北京广播学院借用公安学院的操场举行第一届田径运动会。学院师生1,100人中,有764人参加了竞赛,23名同学达到国家规定的三级运动员标准。

4月4日　学校组织59级同学春游颐和园,回程参观了天文台。

4月9日　本学期开党课,共五讲。由周新武院长讲第一讲。

4月14日　晚上,中央人民广播电台著名播音员夏青讲朗诵课。

4月22日　今天是列宁90周年诞辰,中共中央举行了庆祝大会,新闻系各班举办了庆祝晚会,表演了纪念列宁的文艺节目。

4月23日　学院召开全院师生大会,政治理论教研室主任袁方作报告。

4月25日　学院党委决定成立定职评级工作领导小组,负责教师的定职评级工作。学院评定的第一批讲师共11名,其中有新闻系教师张保安、施旗。

4月28日　五一献礼活动展览正式开放。参加献礼的成果有教材及参考资料51种,包括新闻系教师编写的《中国新闻广播文集》《优秀广播稿选编》《中国人民广播十年》等。

同日,全院师生参加声援南朝鲜(今韩国)人民的爱国正义斗争示威游行活动。

4月 以新闻系59级学生为主的北京广播学院男子篮球队在北京高校比赛中获得第六名。

5月1日　上午，新闻系学生参加五一大游行；晚上，参加天安门广场的五一联欢晚会。

5月27日　召开全院师生员工大会，周新武院长传达中央和国务院关于“保证教师学生身体健康、劳逸结合”的指示。学院成立以周新武为组长的检查组，检查师生的劳逸结合情况。

6月4日　参观宣武区椿树人民公社。

6月8日　全国文教群英代表、武汉大学教师李连荣应邀到学院做报告。

6月13—18日　学院邀请出席全国群英会的新闻界、教育界的17个先进集体代表和英雄模范来学院作报告。

6月13日　上午，黑龙江人民广播电台副台长赵三声作报告。

6月14日　上午，在汽车局礼堂听全国群英会代表、新华社记者胡雷和江苏人民广播电台记者韩泽的报告。晚上，在学院听农民诗人王老九的报告。

6月15日　上午，《解放日报》工业组王树人和河北人民广播电台记者宋印先作报告。

6月16日　上午，唐山人民广播电台总编室副主任张瑞云作报告。

晚上，梅益局长作时事报告。

6月17日　上午，青海人民广播电台台长邹寒雁和山西人民广播电台播出部副主任靳德龄作报告。

6月23日　参观军事博物馆中的抗美援朝战争馆。

6月30日　学院举行七一报告会，邀请老红军、空军某师政委徐兴华大校作报告。

7月4日　学院贯彻中央和市委指示，在全院开展群众性的教学改革运动，师生员工共提出合理化建议11,000条。

同日，北京电视台播出大型电视纪录片《新建院校在前进》，其中第一集介绍了北京广播学院。

7月13日　学院开始组建民兵团。

7月15日　《北京广播学院院刊》停刊。

8月2日　新闻系59级学生到南苑红星人民公社参加为期一周的抢种蔬菜劳动。

8月16日　参加暑假勤工俭学的同学，到中央广播事业局南口绿化队劳动，为期半个月。

9月5日　学院首次举办播音、摄影短训班。新闻系59级学生穆中里因家庭生活困难，经批准，转学到电视摄影短训班学习，1961年毕业。

9月8日　开学第一天，左荧副院长在广播剧场作时事报告。

9月9日　59级第三次分班，由原来的六个班改编为四个班。一班班长马生德、副班长孙渭，二班班长胡茂德、副班长李涌泽，三班班长朱光烈、副班长张立功，四班班长王根旺、副班长曹淑云。全年级共计231人。

下午，各班改选团支部书记。

9月10日　欢迎几内亚总统杜尔访华。

9月11日　新闻系59级学生到中德友好人民公社东坝大队参加秋收劳动，为期17天。

劳动期间，晚上点煤油灯，开展劳动化辩论。

与此同时，另有一批同学去十三陵种树。

9月28日　我院20名同学冒雨到西郊迎宾馆迎接缅甸总理吴努。

9月29日　下午，我院学生又冒雨整队去迎宾馆，迎接阿尔及利亚临时政府总理阿巴斯。

10月1日　我院学生在天安门广场手举鲜花，组成国徽图案。

10月20日　下乡劳动三天，抢收大白菜。

10月24日　学院团委组织全院团员和青年开展以“以革命的名义想想过去”为题的讨论会，学习前人不懈奋斗、勤俭节约、艰苦朴素的精神。

10月27日　听全国群英会代表韩玉兰、庞玉琪的先进事迹报告。

10月28日　人民出版社社长王子野作学习《毛泽东选集》第四卷的报告。

11月5日　听袁方老师作关于粮食问题的报告。各班同学采用自报公议、领导批准的方式减少了粮食定量。

11月6日　参观革命军事博物馆。

11月7日　参观北京朝阳农具厂。

11月16日　59级四个班上大课，听周新武院长讲"政治经济学"的一章：经济、政治和思想战线上的社会主义革命。

11月　温济泽老师被摘去"右派"帽子，开始教授新闻业务课程。

12月3日　左荧副院长向全院师生员工传达学习习仲勋副总理、杨秀峰部长关于抓生活、抓劳逸结合的指示精神，具体部署落实工作安排。

12月15日　欢迎柬埔寨西哈努克亲王率政府代表团访问我国。

12月22日　参观北京化工实验工厂。

1961年

1月16日　中央人民广播电台文艺部负责人讲文艺广播工作。

1月27日　在广播剧场听中国人民革命军事博物馆馆长贾若瑜少将作继承和发扬革命传统的报告。

2月3日　新闻系文学概论课期中考试改为口试。

3月6日　学院政治理论教研室为新闻系59级学生开设中共党史课，今天上了第一堂课。

3月8日　学院300多名女教工、女学生与广播事业局女同志共同举行"三八"纪念大会，请全国"三八红旗手"、天桥商场副经理赵维新作报告。

同日，参观天文馆。

3月9日　新闻广播史课，请中共中央联络部副部长、原重庆《新华日报》总编辑熊复讲课。

3月15日　经中央广播事业局党组同意，学院机构调整后的两级负责干部名单公布。新闻系主任：左荧（兼）；副主任：康荫、杨林。

新闻系教师由六个教研组合并为两个教研室：广播业务教研室，主任苑子熙；语言文学教研室，主任陈海峰。

3月24日　新华社副社长缪海稜作报告，讲新华社的工作及他从事新闻工作的体会。

3月29日　学院第二届学生会经民主选举产生，新闻系59级学生张效炎当选主席，朱光烈当选秘书长。

同日，参观北京电视台（央视前身）。

3月　外语系增设世界语专业，学生从新闻系59级、60级选调。59级高辉、李玉萍两位同学入选，1964年毕业。

3月　学院开展勤工俭学运动，学生自助理发和缝补衣袜等。

3月　新闻系59级编印了全体学生的名录，其中标注了各班正、副班长和各组组长的姓名，全年级四个班，共计231人。这是1960年9月9日59级由六个班改编为四个班之后的名录，也是59级最全的一份名录。

4月1日　北京广播学院在良乡发射台办农场，称其为12号农场。新闻系59级学生今日赴农场开荒种地，为期一个月。

4月14日　第26届世界乒乓球锦标赛在北京举办。今天，北京电视台（央视前身）转播决赛，我国选手庄则栋和邱钟惠分别夺得男子单打和女子单打冠军。在农场劳动的同学挤在发射台食堂观看了精彩的电视转播。

5月3日　听地质部副部长何长工的录音报告：回忆井冈山的斗争。

5月5日　卫生部副部长傅连暲作报告。

5月9日　下午，59级各班党小组组长传达59级党支部的工作计划，主要精神是：在加强政治思想教育的同时，大搞业务学习。在政治思想教育方面，特别要加强对毛主席著作、时事政策和革命回忆录的学习。

5月11日　全国劳动模范、门头沟城子煤矿工人李九德作报告。

晚上，中央人民广播电台体育解说员张之在广播剧场作关于第二十六届世界乒乓球锦标赛的报告。

5月12日　中央戏剧学院副院长李伯钊作报告：学习革命先烈的革命精神。

5月16日　新闻系59级各班讨论“怎样做一个建设时期的革命者”。

5月27日　中国科学院哲学研究所吴传启在广播剧场作关于调查研究的报告。

6月8日　参观北京珐琅厂。

6月12日　欢迎越南总理范文同。

6月13日　欢迎印度尼西亚总统苏加诺。

6月15日　下午，我院10余人去人民大会堂参加欢迎范文同总理大会。彭真市长致欢迎词，并代表北京人民向范文同赠旗，范文同讲话。会后表演文艺节目。

6月16日　在广播剧场听中央广播事业局技术办公室副主任卢克勤作关于支援非洲独立国家发展广播事业的报告。

晚上，中央人民广播电台文艺部编辑王诀讲曲艺。

6月29日　高等军事学院战略教研组组长余震上校作报告：从三大战役学习毛泽东军事思想。

7月10日　欢迎朝鲜领导人金日成来访。

7月28日　上午，周新武院长作报告：关于目前形势的几个问题。

下午，《中国青年报》“接班人”专栏来我院召开座谈会，新闻系十来位同学参加。

8月　暑假期间，部分同学去中央广播事业局郊区林场勤工俭学，从事有偿劳动。

9月2日　学院决定建立每学期发放成绩单制度。

9月12日　学生干部暑假期间提前返校集训，讨论“高教60条”。

9月14日　左荧副院长为学生干部作关于工作方法的报告。

9月15日　开学第一天。左荧副院长作报告：谈国内外形势和学院工作。

9月18日　新闻系康荫副主任作报告：关于新闻系设立播音专业和电视摄影专业的问题。

9月21日　杨林副主任宣布播音班和电视摄影班同学名单。59级乔煜淑等13名学生被抽调到播音班学习（含休学的穆秀清），张朋石等27名学生被抽调到电视摄影班学习（含从无线电系转入该班的赵起越）。这是新闻系59级第四次分班，至此，59级又有了六个班（播音班有一半是60级学生）。

9月22日　欢迎古巴总统多尔蒂科斯。

晚上，各班选举班委会和组长。

9月25日　今天是鲁迅80周年诞辰，下午，语言文学教研室组织学生去红楼电影院观看纪录片《鲁迅的生平》。

9月27日　学院党委副书记顾湘传达市委大学部宋硕讲话，要求贯彻落实"高教60条"的精神。要保证"教师一周要有六分之五业务活动时间，学生要有六分之五学习活动时间；其他活动限制在六分之一以内"。

下午，听北大任华教授讲外国哲学史。

9月28日　上午，听北大林教授讲中国哲学史。

9月29日　欢迎尼泊尔国王马亨德拉及王后。刘少奇主席夫人王光美第一次公开露面，陪同尼泊尔王后乘坐敞篷车。

10月1日　去天安门广场参加国庆庆祝大会和联欢。

10月4日　新闻系59级学生赴良乡发射台12号农场劳动，为期11天。

10月18日　外语系增设英语专业，学生从新闻系59级、60级选调，59级马元和等五名同学入选。今天英语班开课。该班1965年2月毕业。

11月1日　叶圣陶副部长在广播剧场作报告：内蒙古见闻。

11月4日　左荧副院长做关于"高教60条"的报告。之后，全院组织讨论。

11月12日　新闻系部分同学到中央人民广播电台听众联系组参加有

偿劳动，处理听众来信。

11月13日　中央人民广播电台新闻部主任杨丹讲课：新闻广播的地位和任务。

11月18日　中央人民广播电台记者杨兆麟在广播剧场作关于解决老挝问题的扩大的日内瓦会议的报告。

11月25日　中央人民广播电台驻新华社记者何光讲课：怎样选稿。

11月27日　中央人民广播电台文艺部主任李青州讲课：文艺性广播的基本原理。

12月2日　康荫副主任讲党课：刻苦钻研，发愤读书，又红又专。

12月11日　中央人民广播电台文教部主任讲课：知识性广播的基本原理。

同日，59级准备分为编采、电视、文艺三个专业。今天学生填报个人志愿。

12月15日　中央人民广播电台节目组组长白金讲课：怎样编排节目。

12月16日　温济泽老师谈读书的"四要"：一要有明确的目的；二要有方法；三要有笔记；四要有读书的习惯。

12月　北京电视台(央视前身)编辑部主任夏之平讲课：电视广播的基本原理。

1962年

1月12日　相声演员马季、刘宝瑞介绍创作经验，并表演相声。

1月23日　下午，59级开大会，康荫副主任讲分专业问题，苑子熙老师讲实习问题。会后各班宣布分专业名单。这次共分三个专业，同时进行了第五次分班。编采专业三个班：编采一班班长柏光坤、编采二班班长张立功、编采三班班长蒋咸康；文艺编辑专业一个班，班长曹淑云；电视专业一个班，班主席郑清云。另有此前组建的电视摄影专业，一个班，班长张朋石；播音专业一个班，班长乔煜淑。至此，新闻系59级共有七个班(其中播音班含

60级学生）。

2月13日　59级召开实习组长和班干部、团干部会议，苑子熙老师谈实习问题。

2月16日　59级同学分赴中央人民广播电台、北京电视台（央视前身）以及黑龙江、河北、山西、天津等省、市广播电台或电视台认识实习，为期一个月。

3月19—20日　先后两次举行认识实习交流会。

4月24日　温济泽老师讲课：广播工作者的基本功。

5月13日　观看中央人民广播电台在广播大楼音乐厅举办的贺敬之作品朗诵会。

5月25日　温济泽老师作报告：延安文艺座谈会的前前后后。

6月1日　梅益局长作访问拉丁美洲的报告。

6月4日　《人民日报》副总编辑安岗作关于记者工作的报告。

6月12日　文化部群众文化局局长谢冰岩作关于文化政策的报告。

6月21日　左荧副院长作关于台湾问题的报告。

6月25日　各地精简机构，全国电视台和电视实验台由23个减少到5个（北京、天津、上海、广州和沈阳电视台），电视台用人大幅减少。新闻系决定撤销电视专业班，该班仅存在了五个月零二天，但保留了1961年9月成立的电视摄影班。

6月26日　北京市副市长、历史学家吴晗作关于怎样读书的报告。

7月1日　参观全国美术展览会。

7月2日　《人民日报》记者田流讲课：关于新闻工作者的修养。

7月13日　下午，正式宣布电视专业班34人，除王瑞年转入文艺专业外，其余33人全部转入编采专业。

7月17日　经中央广播事业局批准，北京广播学院正式建立院务委员会，周新武任主任，张效炎以学生会主席的身份任委员。

7月19日　周新武院长作关于目前国内外形势的报告。

7月　学院首届播音专业专科生乔煜淑等26人毕业，其中13人为59级学生。至比，新闻系59级仍存五个班。

8月31日　参观梅兰芳艺术生活展。

8月　暑假期间，新闻系59级20多名同学去新华社双桥农场参加勤工俭学劳动。

9月11日　《人民日报》记者陈柏生讲课：怎样进行采访。

同日，中国青年出版社周振甫讲课：关于写作。

9月17日　国家计委副主任杨英杰作关于国民经济中的比例关系的报告。

9月19日　听副总理兼外交部部长陈毅同志作关于外交工作的录音报告。

9月24日　人民文学出版社社长韦君宜作关于当前文学界情况和问题的报告。

10月1日　上午，参加国庆13周年在天安门广场举行的集会。晚上，参加天安门广场的联欢晚会。

10月9日　温济泽老师讲课：关于通讯的写作。

10月16日　中央人民广播电台国际部主任杨兆麟讲课：录音报道。

10月18日　国家科委农业局局长赵石英作关于农业科学技术的报告。

10月21日　北京人民广播电台吴俊德讲课：记者的采访活动。

10月27日　北京电影学院导演谢铁骊作关于电影艺术的报告。

10月29日　文化部艺术局局长周巍峙作关于当前戏剧音乐工作的报告。

11月3日　北京团市委宋成作关于民主集中制的报告。

11月4日　到古巴大使馆游行，支持古巴人民的反美斗争。

11月5日　59级学生到良乡发射台12号农场参加劳动，为期12天。

11月19日　文化部群众文化局局长谢冰岩作关于群众文化工作的报告。

11月24日　中央戏剧学院戏剧文学系主任沙新讲戏剧艺术的特点。

11月28日　周新武院长作关于国内外形势报告。

11月30日　中国科学院法学研究所周新民作关于法学问题报告。

12月1日　沙新讲话剧创作。

同日，左荧副院长作报告：访问阿尔巴尼亚观感。

12月3日　北京电视台（央视前身）负责人孟启予讲课：电视知识。

12月8日　韦君宜作关于"一二·九"运动的报告。

12月10日　外交部国际关系研究所所长柯柏年在广播大楼音乐厅作关于我国外交政策的报告。

12月17日　广播业务课由中央广播事业局副局长顾文华讲八届十中全会后的政策宣传。

12月19日　宦乡作关于国际形势的报告。

12月25日　欢迎蒙古国党中央第一书记泽登巴尔来访。

12月27日　中央人民广播电台体育解说员张之介绍中国乒乓球队访日情况。

12月31日　欢迎锡兰总理班达拉奈克夫人来访。

12月　温济泽老师讲课：关于写广播稿的一些问题。

1963年

1月12日　59级开大会，苑子熙老师讲实习问题。

1月14日　中午，公布实习分配名单。

1月15日　左荧副院长作关于国内外形势报告。

2月9日　康荫副主任作关于农村人民公社集体经济的报告。

2月12日　上午，听关于商业工作的报告。

下午，听关于城市工作和文艺工作的报告。

2月15日　新闻系59级编采、文艺、电视摄影三个专业的212名学生，分赴全国32个广播电台、电视台进行为期三个月的毕业实习。

5月24日　左荧副院长作五反运动动员报告。五反包括:反对铺张浪费、反对贪污盗窃、反对投机倒把、反对分散主义、反对官僚主义。

5月28日—6月6日 编采专业先后四次举行实习心得交流会,16位同学发言。

6月4日　国家计委领导作关于我国工业的报告。

6月6日　新闻系59级学生自发成立诗歌编导小组,准备为毕业欢送会创作朗诵诗。编导小组成员有:张其博、李德文、曹仁义、刘存志、肖璜、白谦诚。

6月8日　各班共青团支部布置学习雷锋和南京路上好八连的活动。

6月9日　到中国革命博物馆参观雷锋事迹展览。

6月12日　北京大学图书馆系讲师张荣起谈工具书的作用。

6月13日　中央人民广播电台编委柳荫传达周总理在全国文联会上的报告。

6月26日　学习邓颖超同志的报告:向应届毕业生致敬;结合讨论毕业分配问题。

6月27日　听茅盾、赵树理、老舍在全国文联会上的讲话录音。

7月3日　杨林副主任作毕业分配动员报告:动员起来,做好准备。

7月6日　下午,学院团委召开表扬新闻系毕业班先进集体、优秀学生大会。受表扬的有:编采3班第三团小组(杨兆祥、刘相臣组)等五个先进集体;张振东、李英杰、何印平、刘相臣、高孝雷、张效炎、蒋咸康、宋家玲、董作风等21名优秀学生。另有一批优秀学生由新闻系团总支通报表扬。表扬大会由学院团委书记功勋主持,张朋石、张振华、杨恒茂三位同学发言,最后由学院党委副书记顾湘讲话。

7月10日　下午,在59级全体同学参加的大会上,杨林副主任公布了毕业分配方案。分配的省部级单位共27个,人数是:农业机械部3人,化工部3人,中央组织部5人,粮食部1人,中央广播局27人,解放军总政治部3人,北京市6人,河北省21人,山西省3人,吉林省10人,上海市5人,浙江省 10 人，江西省 3 人，广西壮族自治区 5 人，四川省 9 人，西藏自治区 5 人，宁夏回族自治区 12 人，甘肃省 2 人，辽宁省 9 人，黑龙江省 6 人，江苏省 9 人，安徽省 4 人，山东省 2 人，湖北省 4 人，贵州省 9 人，新疆维吾尔自治区 14 人，内蒙古自治区 6 人。以上共 196 人。

晚上讨论。

7 月 11 日　上午，左荧副院长作关于毕业分配若干问题的报告。

下午讨论。

7 月 12 日　新闻系分发毕业分配登记表。

7 月 13 日　杨林副主任讲解填写工作志愿事宜，发志愿表。

7 月 15 日　宁夏人民广播电台编辑部负责人跋延介绍宁夏台的情况。

7 月 17 日　参观军事博物馆"中印边界问题真相展览会"。

7 月 22 日　首都 63 届大学毕业生在人民大会堂听周恩来总理的报告，59 级全体同学参加。周总理从德、智、体三个方面，阐述了毛主席的教育方针，教导我们要树立四个观点，即阶级观点、劳动观点、革命观点、集体观点。周总理要求我们服从分配，过好五关：思想关、政治关、社会关、亲属关、生活关。

7 月 27 日　上午，梅益局长给 59 级毕业班学生作关于国内外形势的报告。

下午，到人民大会堂参加欢迎被捷克斯洛伐克无理要求召回国的黄振声等三位同志的大会，副总理兼外交部部长陈毅同志讲话。

晚上，学院召开欢送 59 级毕业生的联欢会，59 级毕业生朗诵了自己创作的诗歌《毕业歌》，肖璜、高蕴瑛领诵。

7 月 29 日　北京广播学院新闻系首届本科生举行了毕业典礼。周新武院长和中央广播事业局党委书记丁莱夫先后讲话。蒋咸康代表毕业生讲话，新闻系 60 级学生潘梦阳代表留校生讲话。

毕业典礼之后，广播事业局的领导、学院领导、教师与全体毕业生合影留念；之后，又分别与各班的毕业生合影留念。

7月　新闻系举办为期一个月的59级实习成果展览，展出了毕业生的毕业论文和毕业作业（在实习台播出过的作品）。

8月　中央广播事业局的《广播业务》的1963年8—9期合刊在“北京广播学院新闻系59级毕业作业选登”标题下，刊登了11篇毕业论文，分别是：

曹仁义：《简明新闻学步》；陈昌仙：《怎样把话说到农民心里——兼谈江苏台“王大姐谈心”的特点》；韩同熙：《戏曲节目的编排》；宋家玲：《杂谈文艺题材的录音报道》；蒋咸康：《小题材和大主题——采写〈好八连传家宝〉的札记，附稿〈好八连传家宝〉》；孙秀锦：《知心者交心——采写通讯〈理发姑娘〉的一点体会》；章琨华：《写新旧对比的两点体会，附稿〈弦上春秋〉》；陈文清：《踏踏实实深入下去——采制〈北京中山公园的早晨的体会〉》；孟昭礼：《录音报道：一个包身工的今昔》；胡妙德：《歌剧〈洪湖赤卫队〉剪辑札记》；魏茂雄：《改编小故事〈一块钱〉的杂感，附稿〈一块钱〉》。

该刊还以《广播战线上的新兵》为题，综合介绍了新闻系59级毕业生的概况。

文章说，59级学生绝大多数是工农和干部的子弟，新中国成立的时候，他们的平均年龄是11岁，此后就在新中国的阳光下长大。他们当中的许多人，从走进北京广播学院大门的那一天起，就立下了做一个又红又专的广播战士、为革命事业服务的雄伟志愿。

四年来，新闻系59级的学生共学习了30门左右的课程。其中，政治课有：形势和任务、哲学、政治经济学、中共党史等；基础课有：语音、语法修辞、外语（英语或俄语）、逻辑、文学概论、中国古典文学、中国现代文学、外国文学、中国经济地理、国际关系问题讲座等。此外，还按专业分别学习了专业课。编采专业学过的主要专业课程有：广播史、广播概论、政策讲座、编辑工作、采访写作、广播业务讲座。前三门也是文艺编辑和电视摄影两个专业的必修课。文艺编辑专业的主要专业课程有：音乐知识、戏曲知识、文艺广播理论与实践、文艺广播写作，前两门又是编采专业的选修课。电视摄影专业的主要专业课程有：电视摄影技术、电视摄影构图、摄影艺术、电视广播业务讲座、电视广播写作。

根据培养广播电视干部的要求，新闻系在教学工作中紧紧地抓住了两个重点：一个是对政治理论和政策的学习，另一个是写作训练。

四年中，新闻系59级平均每人每年参加35天的生产劳动，还多次参加首都群众的政治集会和示威游行。刚入学的时候，学生中党团员人数占百分之七十几，到毕业时已增长到百分之八十八。

8月2日　新闻系副主任杨林在59级毕业生大会上宣读了分配名单。他说：59级同学100%表示服从分配，80%申请到边疆去。这次分配的方针是"先中央，后地方；先边疆，后内地；先前方，后后方"。杨林宣布：对于谈恋爱的同学，系里的政策是"两人保持一定距离"。

宣读分配名单后，同学发言。去西藏的代表莫树声、去新疆的代表高蕴瑛、去前线的代表于秀锡、去宁夏的代表李涌泽、去内蒙古的代表其木德都表示服从组织分配，孟昭琴、陈昌仙、李含智、张清廉等同学也作了发言。

8月3—6日　做毕业鉴定。

8月4日　全校学生冒雨欢迎索马里共和国总理舍马克来访。

8月8日　康荫副主任做毕业鉴定总结报告。

8月9日　办理离校手续：交回了校徽和学生证，领来了毕业文凭和迁移证。

8月11日　上午，新闻系为分配到边疆的同学举办茶话会，左荧副院长到会讲话，并为同学们签名留念。

下午，各班分别举办茶话会，温济泽老师出席了各班的茶话会，他勉励大家学习鲁迅记日记的坚韧精神，每天都抽出一个小时或半个小时的时间来学习。要让理想的火花熊熊地燃烧起来，不要让它熄灭。

8月13日　新闻系59级师生游览八达岭长城。

从次日起，同学们互相题字留念，陆续离校返乡，准备奔赴工作岗位。

（定稿时间为2018年11月16日）

参考资料：

《北京广播学院大事记》(1954.3—1994.9，收入《北京广播学院 40 年》，北京广播学院出版社 1994 年出版)

《中国传媒大学纪事(1954—2014，初编稿)》

《广播学院初创时期记事》(周新武日记，收入《周新武纪念文集》，北京广播学院出版社 2002 年出版)

《中央电视台大事记》(1955.2—1993.3，人民出版社 1993 年 7 月出版)

《温济泽年表》(收入《温济泽百年诞辰纪念文集》，中国社会科学出版社 2014 年出版)

中央广播事业局《广播业务》1963 年 8—9 期合刊

北京广播学院新闻系 59 级杨天恒日记

北京广播学院新闻系 59 级白谦诚日记

北京广播学院新闻系 59 级陈明富日记

北京广播学院新闻系 59 级蒋咸康日记

“灰楼—59”微信群信息

大事记背后的小故事

白谦诚

《北京广播学院新闻系59级大事记》是由“灰楼—59”微信群成员集体编撰的。在编撰过程中发生了不少感人、有趣的小故事，这里摘录几则，为老同学们阅读大事记时增添一点乐趣。

靠两位院长的纪念文集起步

新闻系59级大事记是与完善59级同学名录工作同时起步的，所不同的是，名录是经过群主批准、在群里正式立项的，而大事记则是我心血来潮、没事找事干起来的。两者相辅相成，差不多同时开始，又一起完工。

编名录、寻找失落的老同学，事情不多，主要依靠群友们回忆和“举报”。一天闲来无事，翻阅《风范长存——左荧纪念文集》，内有“北京广播学院大事记中的左荧同志”一文，读来特别亲切，于是我摘编了与我们59级有关的条目，共15条，作为59级大事记的初稿放到网上。大事记初稿在59级同学中引起了热烈反响，他们纷纷点赞，并进行补充。尝到了甜头，我又找来《周新武纪念文集》，内有“广播学院初创时期纪事”，我又摘编了十几条，补充进大事记中。

周新武是北京广播学院的第一任院长，左荧是副院长兼新闻系主任。两位院长的纪念文集，内容翔实，为大事记工作奠定了坚实的基础。我编的这本新闻系59级大事记，正是依靠两位院长的纪念文集起步的。

59级分过几次班？

新闻系59级的200多名同学，大部分都互相认识，原因很多，其中之一是分班频繁，这使得大部分同学都曾是同班同学。大家都知道分班频繁，但你若问我们分过几次班，谁也答不上来，这就是它的奇怪之处。

这次编写大事记，我和同学杨天恒对分班的事情颇感兴趣，决心细读各自的日记，破解分班次数之谜。经过仔细的研读和商榷，我俩得出一致的结论：新闻系59级自1959年9月7日开学始，至1962年7月电视专业班撤销、播音专科班毕业为止，共计分班六次。每一次分班的前因后果，我都在大事记中一一载明，从此，频繁分班问题再也不是一笔糊涂账了。

赵玉明老师伸出援手

大事记在网上持续发酵，引起了59级同学和我们的老师的关注，他们以各种方式参与进来。其中，赵玉明老师对我帮助最大，他借给我一本厚厚的《中国传媒大学纪事（1954－2014，初编稿）》以及《北京广播学院大事记（1954.9－1994.9.7）》等资料。从这些资料中，我得到了不少可以补充大事记条目的资料内容，59级的大事记变得内容丰富、结构坚实。

我们哪天去的八达岭？

新闻系59级的大事记载：1963年8月13日，新闻系59级师生游览八达岭长城。短短的一句话，看似简单，却折腾了我好几天。

登八达岭、游长城，对于广院学子来说，是一件大事。同学们三三两两地拍照留念，我也和小组的几位学友合了影。

编大事记时，我只记得毕业前夕游过八达岭，哪一天，不记得了。翻日记，那几天记的都是同学留言，没有关于游长城的记载。我找到同学蒋咸康，他的日记有明确记载：1963 年 8 月 13 日游长城。关于大事记，我们上网征求意见，同学陈明富发来微信：应是 8 月 14 日，有日记为证。他还说，8 月 13 日他招待高中的同学吃饭，第二天游长城。两个人言之凿凿，都有铁证在手，我应该听信谁的话？思考再三，我得出结论：八达岭游了两天。可能是因为大轿车坐不下，把学生分成了两批。大事记照此修改，正要上网，陈明富又发来微信说：8 月 13 日他未记日记，把 14 日的日记当成 13 日的了。至此，拨云见日，两本日记对上号了，我也松了一口气。

此劳模非彼劳模

北京广播学院作为新建院校，师资薄弱是它的不足之处。为了弥补这一缺陷，学院想了不少办法外请教师。这个工作，温济泽老师出了大力，立了大功。在外请的教师中，一部分是中央部委的领导和专家，一部分是各行各业的劳模。对于当年都请了哪些嘉宾来讲课，广院没有现成的资料，我和杨天恒下决心利用这次编写大事记的机会，发动众学友翻查日记，整理出一份名单来。出乎意料的是，整理这份名单时，居然也出了岔子。

59 级大事记载：1959 年 11 月 9 日，在广播大楼音乐厅听三位全国群英会代表的报告，他们是：武钢总设计师李凤恩、北京市第三建筑工程局洋灰工丁庆云、江苏省无锡市第二商店服务员孙荣（云？）华。

先解释一下“孙荣（云？）华”是怎么回事，这是因两本日记记录不同而引起的。当年听报告，没什么宣传资料，报告会的主持人介绍一下报告人的单位、职务和姓名，报告人就开讲了。他的姓名往往会被记错。有关报告人姓名的差错很难被发现，59 级大事记中报告人的姓名，都是从日记中抄来的，偶尔互相矛盾。遇到这种情况该怎么办？我想出一个办法：就是把不同的姓名并列出来，供以后核查。这就是“孙荣（云？）华”的来历。这本大事记共有两处采用了这一做法。

此稿大事记上传到网络后，方裕喜对无锡报告人“孙荣(云?)华”提出质疑。他说，他就是无锡人。他本人及亲友从未听说过叫“孙荣(云?)华”的劳模。无锡倒是有一位劳模，家喻户晓，但人家姓王，不姓孙。如有必要，他可以发动亲友做进一步调查。

为编写大事记统计报告人，想不到横生枝节，查起报告人的真伪来。这已远离了我们编大事记的初衷。我们连忙让方裕喜打住，几十年前的旧账了，不提也罢。

大事记永无定稿

新闻系59级大事记历时数月，十易其稿，从最初的10余个条目，扩充到现在的370多个条目，没有新闻系师生的积极参与、没有信息时代便捷的通信工具，是不可能完成这一艰巨而繁重的任务的。

一部作品总有截稿日期。我们这本大事记截稿了，但我要说，它并未定稿，甚至永无定稿。作为编者，我知道这本大事记还缺少什么。例如，59级曾经分过六次班，除第三次分班记录了正副班长和组长的姓名外，其余几次都缺少班干部的资料。又如，学院文工团是何时成立的？有关同学只记得是秋天，哪一年的秋天记不得了。如果有朝一日，大事记印发给众学友，希望每个人阅后都能提出补充修改意见。就在我写此短文之际，突然发现第六次分班情况没写清楚，于是，又修正了此部分内容。可见，大事记还有很多缺漏，它将永远保持开放的姿态，欢迎它的参与和见证者们前来补充和完善。

北京广播学院新闻系 59 级学生名录

"灰楼一59"集体编撰　白谦诚整理

第一部分:入学名录

说明:寻找失联的九名同学——写在前面的话

2015 年,北京广播学院(今中国传媒大学,常被称为广院)新闻系 59 级的几十位师生在互联网上成立了微信群,名为"灰楼一59",从毕业算起,分别已逾半个世纪的 59 级师生重新密切联系起来。犹记得在入学那年,我们去复兴门外真武庙旁一栋马蹄形的五层灰楼报到,这个地方就是北京广播学院最初的校址。灰楼容纳三个系、一千余名学生,教室、宿舍、办公室、图书馆、食堂、浴室一应俱全,可以说,吃喝拉撒还有日常学习,我们均不出楼。因此,灰楼在当时也就成了北京广播学院的代名词。而我们——59 级的学生,作为广播学院的开山弟子,则以"广电黄埔一期"自诩。因此,"灰楼一59"也就成为第一代广院人的代称,群名由此而来。

微信群建立起来后,群主就开始陆陆续续联系同学,但联系同学就必须先得有同学名录。然而,我们 59 级新闻系未曾有过一个完整的同学名录。我给群("灰楼一59"微信群)主——59 级新闻系同学孟昭琴发微信,提议已加入微信群的同学齐心协力,做一个完整的同学名录出来。孟昭琴立即回复说:完全赞成我的提议,并将此事托付给我,让我牵头办理。我揶揄她道:

“以后再也不敢提建议了，不然提了就把自己给装进去了。”但玩笑归玩笑，任务既然已经接下，我就竭尽全力做好！

编制同学名录，遇到的第一个问题便是哪些人能上名录？我们59级新闻系学生中，有中途退学的，有转入其他系的，他们要不要上名录？最后我们一致决定：凡是1959年被学校新闻系录取且来京报到的同学均收入同学名录，“进了59新闻门，就是59新闻人”，不管之后有何变化，这是我们的原则。

那么，1959年北京广播学院新闻系究竟招了多少人？根据《北京广播学院大事记（1954.3—1994.9）》（黄勇主编，收入《北京广播学院40年》一书，北京广播学院出版社1994年出版）记载：1959年9月5日，北京广播学院新生陆续到校，共招生573人，其中新闻系240人。然而，这240人的完整名单未能保留下来，而编制同学名录，就必须找齐这240人。

此前，孟昭琴同学曾在网上发过一份231人的名单。经问询查证得知，原来在1960年9月9日，新闻系59级将原来的6个班改组为4个班，当时新闻系全年级共231人。这个名单于1961年3月印制了若干份，从而得以保存下来。原件为八开纸张，两面油印，一面由打字机打印，一面由钢板刻印，当年学校办学条件之艰苦由此可见一斑。

这份231人的名单，是59级新闻系仅存的正式名单，也是最全的一份。那时我们刚上大二，入学刚满一年，学院还未组建播音班和外语班，所以也就没有从我们59级新闻系抽调学生（1960年学校组建播音班和外语班，部分生源从59级新闻系学生中抽调）。

但是，这份231人的名单，相比校史资料记载的240人少了9人。要想编制59级新闻系的完整名单，就必须先找到“失落”的这9名同学。经过群里同学们几个月的回忆和搜寻，终于找到了7名“失落”的同学，另外2名也有些线索。231人的名单加上另外找到的9人，刚好就是59级新闻系240名同学的完整名单。下面，我就凭记忆简单回忆一下我们是如何找到“失落”的这9名同学的。

寻找“失落”的同学，大家首先想到的是穆中里。穆中里是跟我们一起报到入学的。穆同学报到后，由于家庭原因，学院特批他于1960年转入电视摄影班学习(电视摄影专业是北京广播学院1960年新增的一个专业)。电视摄影班也在灰楼上课，所以我们经常能看见穆中里的身影。1961年穆中里从电视摄影班毕业后被分配到北京电视台(央视前身)任编辑、记者。穆中里提前毕业并分配到好工作，这令我们59级的同学艳羡不已，并开始盼望能在电视里看到他的名字。

找到穆中里后，我们顺藤摸瓜，又有人想到了在央视工作的高长龄。高长龄我并不认识，但知道他是大名鼎鼎的央视社教中心副主任。他是59级新闻系的学友，这完全出乎我的意料。我打电话向广院老教师张振东和李振水求证，才确认了高长龄确实是59级学友，只是不在2班。这时我突然想起，按高长龄的职务，是应该被收入《中国广播电视人物辞典》的。我找来词典查阅，果然找到了高长龄的简介，简介里说他是1959年考入北京广播学院的，并于同年被分配到北京电视台(央视前身)任编辑、记者。与此同时，59级同学董作风也证实，1959年10月高长龄曾和同学们一起去黄土岗公社劳动过。由此可见，1959年下半年，高长龄实现了上大学和分配工作两次大跨越，成为当时广播学院59级新闻系的人生赢家。

在寻找9名“失落”同学的过程中，又有人提到了朱桂生。我认识朱桂生，还一起合过影。那是1964年，我在中央人民广播电台新闻部经济组参加工作还不到一年时。那年春天，广院新闻系应届生来台里实习，被分到经济组的就是朱桂生。我们相处甚欢，在春暖花开时节一起在水池边合过影。但朱桂生是60级学生，比我们低一级，他跟59级有什么关系?

“不说不知道，一说吓一跳”。原来，朱桂生是59级新闻系学生，报到后因病休学，后转入60级新闻系。在央视实习结束后，他被分配到湖北人民广播电台工作，遗憾的是，最终在“四清运动”中因病逝世。

“灰楼－59”微信群的第二任群主杨天恒喜欢看书，跟当时广院图书馆的管理员混得比较熟。他发微信说，图书馆有一位女管理员，是我们59级新闻系的，名字记不清了。同学叶凤英证实说，这位女管理员跟她在一个院住过，名叫刘秀芬，确实是59级的。碰巧的是，此时有位同学在网上晒出一张照片，是学校当年为59级新闻系同学进行普通话培训的合影，里面刚好就有刘秀芬，这证实了杨天恒的说法。后来得知，刘秀芬同学报到后，因体检不合格而退学，后由学院安排到图书馆任图书管理员。

无巧不成书，普通话培训的照片又引出了另一位“失落”的同学，她也在当年的照片里面，叫穆秀清。我听知情的同学说，穆秀清是59级同学段文彬的爱人。一听说段文彬的爱人，我的脑子里立即浮现出这对夫妇的身影。段文彬跟我同过班，家住北京，穆秀清报到后，因怀孕而休学，后来转入61级播音班学习，1962年毕业。

通过互联网寻找失落的同学，已进入耄耋之年的我们第一次真切地感受到了互联网的巨大号召力和高效率。这么短的时间就找到5名同学，我们感到胜利在望！

后来又有同学报告说，59级新闻系1班有个同学叫李铭新，报到后不知为何退学回哈尔滨了。

另一位同学伍祥光回忆说，他刚入大学时的同桌姓韩，名字已不记得，陕西韩城人，由于家庭原因退学回乡，回家后还曾给伍祥光来过一封信。

现在已找到7名同学，只剩下2人了。后来杨天恒又说，1班有个来自上海的同学，不知何故也退学回去了。杨天恒后来借旅游的机会找到1班班长马生德，了解到这位同学叫李昌平。

最后一位同学的大概情况是李振水老师给我们提供的。他说：59级新闻系还有个成绩还不错的学生，名字已然忘记，因为一些事情被学校劝退，老师对此感到惋惜。由于李老师是59级新闻系2班的班主任，他的回忆自然是可信的。

至此，59级新闻系“失落”的9名同学被全数找回。虽然有一个不知其姓名，有一个只知其姓，算是缺憾，但终归是把240人找齐了。几个月的时间，能取得如此成果，我们深感欣慰与自豪。在我们59级新闻系全体同学身上，包括那“失落”的9名同学，有着属于我们那个时代的独特记忆，铭刻着那个时代的历史气息，这其中的壮丽诗篇、美好理想、遗憾点滴和无奈瞬间都是我们这一代人独有的珍宝，都是我们永生难以忘怀的珍贵回忆！

一、新闻系59级1960年登记名录（231人）

一班

男49人，女8人，共57人。

班长：马生德　副班长：孙渭

第1组

张桂芝　男　樊保安　男　刘　浡　男　孟惠兰　女

高蕴瑛　女　黄映旭　男　李家诚　男　张庆海　男

陈振辉　男　牛守贤　男

第2组

梁珊如　女　朱继峰　男　黑淑华　女　朱宝贺　男

姜平章　男　徐培峰　男　徐宗毅　男　孟昭礼　男

张朋石　男

第3组

饶冬泉　男　孙　渭　女　林基植　男　梁久朝　男

杨天恒　男　肖玉峰　男　郑木泉　男　辛德祥　男

曹仁义　男　黄　岩　男

第4组

高　辉　男　张昭华　男　隋洪国　男　邓法奇　男

徐质敬　男　王延龄　男　王文全　男　蚁美冰　男

徐荣茂　男　马积生　男

第5组

李景富　男　马骏田　男　刘存荣　女　魏茂雄　男

唐宏仁　男　李进达　男　程曙鹏　男　张振华　男

胡永贵　男

第 6 组

董效文　女　徐万臣　男　尚玉厚　男　葛一俭　男

韩同熙　男　马生德　男　章杏娣　女　王金环　男

刘景锜　男

二班

男 51 人，女 9 人，共 60 人。

班长：胡茂德　副班长：李涌泽

第 1 组

唐兆麟　男　张雨生　男　张福林　男　钱燕茹　女

刘连成　男　孟繁文　男　其木德　男　刘玉培　男

高俊升　男　李涌泽　男

第 2 组

周芳滨　男　方裕喜　男　方福生　男　冯煜萍　男

余构文　男　钟瑞坤　男　孙炳武　男　刘海龙　男

崔　平　女　杨孝先　男

第 3 组

郭玉山　男　李荣熙　男　甘　纹　女　王郁琦　男

鹿岗继　男　章焜华　男　黄金相　男　高秀英　女

施奎林　男　柏光坤　男

第 4 组

何士宏　男　郭立华　男　伍祥光　男　严道英　男

胡茂德　男　舒文琴　女　马志秀　女　王瑞年　男

李大林　男　马靖华　男

第 5 组

张振东　男　莫树声　男　杨祥光　男　肖宝航　男

段文彬　男　王雪梅　女　王瑞棠　男　于文平　男

康文久　男　王同山　男

第 6 组

李英杰　男　乔煜淑　女　徐万良　男　张清廉　男

张　陵　女　程福林　男　许　发　男　曾千户　男

徐　起　男　白谦诚　男

三班

男 46 人，女 9 人，共 55 人。

班长：朱光烈　副班长：张立功

第 1 组

蔡建中　男　彭植银　男　陈敬才　男　张宏宇　男

刘继英　女　王英武　男　魏定中　男　徐文武　男

闫金泉　男

第 2 组

李宗慰　男　郭东义　男　马凤祥　男　蒋祖训　男

董作风　男　王言进　男　赵恩义　男　霍建瀛　男

朱光烈　男

第 3 组

何应貌　男　贾志杰　男　刘　海　男　杨之栋　男

张书统　男　肖学初　男　张梅荣　女　孙秀锦　女

魏成贵　男　韦坤南　男

第 4 组

刘书兰　男　胡玉堂　男　陈明富　男　陈久德　男

詹铁堃　男　孟昭琴　女　张立功　男　罗大芬　男

喜万仓　男

第 5 组

王树茂　男　李玉萍　女　王富琴　女　姚富永　男

陈昌仙　男　刘家肃　男　胡秉衡　男　曹登松　男

李含智　男　王筱兰　女

第 6 组

李德文　男　谢文芬　女　刘存志　男　郑希荣　男

马全安　男　徐景杰　男　叶凤英　女　高云霄　男

四班

男 48 人，女 11 人，共 59 人。

班长：王根旺　副班长：曹淑云

第 1 组

王建国　男　吴增涛　男　曹淑云　女　于　璘　男

张中令　男　费守阳　男　肖　璜　男　王克任　男

李安琪　女　马元和　男

第 2 组

柴重兰　男　田自文　男　王树藩　男　王梅云　女

刘忠文　男　于秀锡　男　袁进兰　男　张其博　男

王尤莹　女　郑清云　男

第 3 组

宋家玲　男　梁一高　男　高孝雷　男　余惠琴　女

武福礼　男　王兴元　男　杨春桓　男　胡　源　男

张美莹　男　杨恒茂　男

第 4 组

刘相臣　男　陈文清　男　黄景隆　男　何印平　男

祝桂英　女　苏然枝　女　杨兆祥　男　冯铁山　男

朱　英　男　郭仲儒　男

第 5 组

王淑珍　女　钟春森　男　万福先　女　宋迎祥　男

王根旺　男　黄振喜　男　谢荫达　男　胡妙德　男

杨茂森　男　韩　军　男

第 6 组

蒋成康　男　姜绍禹　男　史宏新　男　肖占元　男

杜成贵　男　张效炎　男　贾延龄　女　罗健飞　女

吕天贵　男

(每组第一人为组长。全年级男 194 人,女 37 人,共计 231 人。)

二、入学后调离或休学、退学的学生名录(9 人)

59 级学生中,有 9 人由于各种原因调离或休学、退学。具体情况如下:

1.高长龄报到后,由于家庭原因,当年即由学院分配到北京电视台(央视前身)做编辑、记者。他是 59 级学生中唯一的肄业生。

2.穆中里报到后,由于家庭原因,经学院特批,于 1960 年转入电视摄影培训班学习,1961 年毕业后被分配到北京电视台(央视前身)任编辑、记者。

3.朱桂生报到后,因病休学,后转入 60 级学习,1964 年被分配到湖北人民广播电台工作。

4.穆秀清报到后,曾参加语音辅导员培训,因故休学,后转入 61 级播音班学习,1962 年毕业。

5.刘秀芬报到后,曾参加语音辅导员培训,后因体检不合格而退学,由学院安排到本院图书馆任图书管理员。

6.李铭新报到后,因故退学,回哈尔滨。

7.来自陕西韩城的韩姓同学报到后,由于家庭原因,退学回乡。

另有两位同学已不知姓名:一位来自上海,因故退学;另一位因故被劝退。

第二部分:专业名录

说明:1959 年北京广播学院建院之初,新闻系是按系招生,录取的 240 名同学都在新闻系学习。为适应广播电视事业的发展,北京广播学院自 1961 年 9 月起开办播音、摄影专业短训班(为期一年),为中央台和地方台培训播音员和电视摄影专业人员，这两个短训班的学生大部分从59级新闻系学生中选调。1961年9月21日，新闻系乔煜淑等13名学生被抽调到播音专业学习，张朋石等27名学生被抽调到电视摄影专业学习（含从无线电系调入的赵起越）。

一、1961年设立的播音专业名录

乔煜淑　王筱兰　张　陵　唐宏仁　徐　起　王富琴

王淑珍　马骏田　高秀英　黑淑华　周芳滨　鹿岗继

穆秀清（13人）

二、1961年设立的电视摄影专业名录

陈振辉　刘景锜　史宏新　朱继峰　王言进　张朋石

胡茂德　张昭华　董作风　徐景杰　杜成贵　叶凤英

张中令　段文彬　赵起越　贾志杰　郭玉山　陈敬才

袁进兰　冯煜萍　王郁琦　王英武　胡玉堂　马靖华

徐质敬　刘存志　万福先　（27人）

说明：1962年1月23日，新闻系又设立了编采、文艺编辑和电视编辑三个专业：编采专业三个班，文艺编辑专业和电视编辑专业各一个班。后因各地精简机构，电视台用人大幅减少，新闻系7月13日决定撤销电视编辑专业，仅保留1961年成立的电视摄影班。电视编辑专业的34名学生转入编采专业和文艺编辑专业学习。59级分专业的名录也未能保存下来，本名录收入的学生专业名录是由新闻系1994年编制的“校友名录”（见《北京广播学院新闻系35年》一书，北京广播学院出版社出版）改编的。

三、1962年设立的编采专业名录

编采一班

刘存荣　张桂芝　刘　滓　樊保安　牛守贤　彭植银

王文全　马全安　何应貌　徐宗毅　隋洪国　马积生

徐培峰　徐万臣　杨之栋　饶冬泉　马凤祥　孙　渭

辛德祥　曹仁义　王延龄　黄　岩　姚富永　李进达

张振华　董效文　张庆海　林基植　赵恩义　梁珊如
姜平章　马生德　陈昌仙　葛一俭　李家诚　王金环
李景富　徐荣茂　柏光坤　梁久朝　肖玉峰　郑木泉
魏茂雄　蚁美冰　郭立华　高云霄　胡永贵　尚玉厚
于　璘(49 人)

编采二班

何士宏　王树茂　张雨生　刘连成　朱光烈　李宗慰
李涌泽　罗大芬　杨祥光　孟昭琴　钟瑞坤　刘海龙
孙炳武　施奎林　张书统　曹登松　肖宝航　陈明富
王同山　康文久　甘　纹　马志秀　高俊升　余构文
许　发　白谦诚　程福林　于文平　徐万良　张清廉
崔　平　李英杰　闫金泉　方裕喜　张福林　其木德
张梅荣　伍祥光　余惠琴　章焜华　严道英　方福生
张振东　莫树声　张立功　唐兆麟　孟惠兰　魏成贵
(48 人)

编采三班

郭东义　柴重兰　王梅云　肖占元　刘忠文　王根旺
武福礼　王克任　郑希荣　梁一高　王兴元　杨春桓
魏定中　罗健飞　黄景隆　张美莹　刘相臣　何印平
杨兆祥　吕天贵　陈久德　苏然枝　费守阳　韦坤南
朱　英　王建国　谢荫达　黄振喜　刘　海　孙秀锦
蒋咸康　吴增涛　张效炎　李德文　肖学初　郑清云
高孝雷　王树蕃　张其博　杨天恒　郭仲儒　邓法奇
田自文　霍建瀛　陈文清　孟昭礼　詹铁堃　韩　军
杨茂森(49 人)

四、1962 年设立的文艺编辑专业名录

徐文武　黄映旭　蒋祖训　胡秉衡　杨孝先　肖　璜

刘家肃　李荣熙　李大林　张宏宇　冯铁山　朱宝贺

李安琪　祝桂英　程曙鹏　曹淑云　黄金相　王雪梅

胡　源　曾千户　王瑞年　宋迎祥　钱燕茹　王瑞棠

李含智　刘继英　舒文琴　于秀锡　杨恒茂　胡妙德

蔡建中　刘玉培　孟繁文　贾延龄　谢文芬　钟春森

高蕴瑛　刘书兰　韩同熙　宋家玲(40人)

(上述两个专业、四个班,共计186人。因电视编辑专业被撤销,34名学生转入编采专业和文艺编辑专业学习,故不另列名录。)

第三部分:新闻系59级转入外语系的学生名录

说明:1961年,北京广播学院外语系先后增设世界语专业和英语专业,学生从新闻系59级、60级选调,59级高辉等2名学生被抽调到世界语班学习,马元和等5名学生被抽调到英语班学习。

一、1961年3月转入外语系世界语班的学生名录

高　辉　李玉萍(共计2人)

二、1961年10月转入外语系英语班的学生名录

姜绍禹　喜万仓　王尤莹　章杏娣　马元和　(共计5人)

(上述两个班共计7人,分别于1964年、1965年毕业。)

第四部分:灰楼伉俪名录

说明:阔别灰楼已逾半个世纪,在1959年北京广播学院新闻系的240名同学中,有15对同学因灰楼而结缘,从相识、相恋到牵手相伴一生。在漫长的人生路上,他们相互扶持、相互温暖、相互陪伴。从青春少年到白发苍苍,一生不变的是对灰楼岁月的钟情与感恩。这15对夫妻分别是:

刘存志/叶凤英

胡　源/王雪梅

朱宝贺/贾延龄

马元和/王尤莹

姜平章/梁珊如

樊保安/孙秀锦

郭玉山/甘　纹

张书统/佘惠琴

徐　起/张　陵

李涌泽/张梅荣

祝桂英/李荣熙

李玉萍/高　辉

穆秀清/段文斌

高秀英/施奎林

舒文琴/其木德

本名录的第二、三部分，共计 233 人，实际上也是新闻系 59 级的毕业名录。本名录虽已改过多稿(此为 2018 年 12 月 25 日稿)，但仍难避免差错存在，请老师和同学们核正。

几　学

接到录取通知书之后

——日记加回忆

白谦诚

“老白家，有信！”

1959年7月20日至22日，我在就读的吉林省白城一中参加了全国高考。高考之后，我最盼望的，当然是“录取通知书”。我曾写过一首诗，表达那种期盼的心情。

我盼望着……

我盼望着，
邮差那一串清脆的车铃声，
由远而近，
响进我的院落。
我盼望着，
那一声熟悉的叩门
和一句简单的吆喝：
“信来了！”
于是，我冲出门，
像母亲接过十世单传的婴儿，
满脸欣喜，
接过那一封厚厚的书信……

8月20日，我和父亲顶着烈日，在离家不远的一块空地上脱坯。我手持四齿钢叉，负责往坯模子里铲泥，父亲蹲在地上抹坯模子。太阳西斜的时候，我们干得正起劲儿，只见一位绿衣使者骑着自行车来到我家院门前，手里挥舞着一封信，高声叫道："老白家，有信！"

我立刻意识到，这可能是我望眼欲穿的那封信！于是，我扔下钢叉，三步并作两步地飞奔过去，一把从邮递员手里夺过信来，连"谢谢"都忘了说，就一头扎进了屋里。这是决定我的人生道路的一封信。当我撕封口的时候，双手微微有些发抖，心怦怦地要跳出胸膛。

封口撕开了，一张打印的录取通知书映入眼帘。通知书上只有几行字，通知我已被北京广播学院新闻系本科录取，9月5日前到北京市西城区真武庙报到。

进北京，上大学！这是真的吗？我的心被震撼了！虽然未被第一志愿录取，我与"北大中文系"失之交臂，但被第二志愿录取，我也心满意足了。

当年，我们考大学那会儿，不公布考分，我至今不知道自己的高考成绩。在等待放榜的日子里，心中虽有几分焦急，但总体来说还是坦然的，因为我对自己的高考成绩心中有数。即使这样，当梦想成真的那一刻，我仍然难抑心底的狂喜。

不一会儿，父亲进屋了。他得知我的喜讯后，也乐得合不上嘴。

录取通知书我看了一遍又一遍，边看边琢磨，觉得它太简单，用现在的话说，叫"信息量太小"。回想几个月前填报高考志愿时，学校给每个考生发了一份十几页的铅印材料，上面列着当年招生的高校名单。我是报考文科的，可供选择的学校太少，但其中一个陌生的院系——北京广播学院新闻系引起了我的注意。顾名思义，这是一个为广播电台培养记者的学校。除此之外，我对这个学校一无所知。那天，我被北京广播学院录取了，我多么想了解这个学校的有关情况啊！它是何年成立的？有多少学生？校园是什么样的？这些信息，通知书里全没有，也没有其他介绍材料，我只知道这个学院设在真武庙。于是，我便自作聪明地解释：明白了！这是一个新建的学院，没地方，占用了真武庙。我的脑海里随即映现出一幅庙宇的图画：飞檐、灰瓦、朱柱、宽廊、石阶、砖地、青苔……我在心里琢磨：一个庙能住多少人？这个学院恐怕只有二三百人。住在庙里读书，倒也别有情趣……

当天晚上，我踏着星光，兴冲冲地赶到县文化馆阅览室。我是这里的常客，但那天去，一不为看书，二不为读报，而是搬来一大摞画报，一本接一本地翻，专门看北京的风景：颐和园、昆明湖、北海、天坛……这些图片，过去也看过，但那天看，感觉却截然不同：啊，美丽的北京，祖国的首都，我就要投入你的怀抱了！

在日记里，我记述了当时兴奋的心情。

1959年8月20日

今天是值得我永远铭记的一天，对我来说，是最有意义的一天，是值得庆贺和纪念的一天，因为今天确定了我一生的职业和前途。我将以新闻工作者的身份生活在世界上，我要为祖国的新闻事业奋斗到底！

党啊，感谢你，感谢你对儿子的培养和关怀，我要为您的事业贡献平生。我要把自己锻炼成为坚强的无产阶级战士、红色的新闻工作者，把我的一切才智和力量献给党，实现我平生的抱负！

父亲啊！感谢您，感谢您对我的抚育和教育。我一定发奋学习、勤恳努力，用优异的成绩报答您的心血和劳力。

1959年8月21日

北京，我多么向往你啊！提起你，我就想起了毛主席，想起了中南海，想起了怀仁堂，想起了雄伟壮丽的天安门城楼，想起了优美秀丽的北海白塔，想起了颐和园的浩大、万寿山的瑰丽，想起了十三陵水库，想起了人民英雄纪念碑……啊，我想起了许多许多，那美丽的一切、精彩的一切呀！

今天，我终于实现了这十几年的夙愿，我就要进北京了。朋友们，你们知道我的心情有多愉快？那急流的血啊，跳动的心……

我为北京而自豪，为我能够成为北京人而自豪。我一定要不亏光阴，不负日月。让时间考验我吧！

几天后，我回白城一中办理人事关系的相关手续。母校正在放假，昔日喧闹的校园显得冷冷清清。碰到的几位老师和同学都知道我考进了北京广播学院，热情地跟我握手道贺。我是我们班里唯一考进北京的，班里的同学都为我高兴。我还得知，我们中学高 19 班的曹仁义也考上了北京广播学院新闻系。

我们高 16 班，除四五位同学因政审或体检不合格而未参加高考外，其余同学都考上了大学。多数同学考进了长春，也有几位考进了哈尔滨和沈阳。

过了几天，我们班的团支部书记郑洪富来到镇赉，送我一顶淡蓝色的纱帽，说“戴这个凉快”。他还告诉我，在白城碰到了曹仁义，他约我 9 月 3 日乘 68 次直快列车一道进京。

初到京城

1959 年 9 月 3 日下午，不满 18 岁的我背起行李卷，告别了家乡，踏上了进京求学的路程。那天父亲送我去车站，在路上给我买了一个西瓜，供我在车上解渴。

68 次列车从齐齐哈尔始发，第三站就是镇赉，所以车上人不多，我为曹仁义占了一个座位。车向南行，过了白城，就是洮南，曹仁义在此上车后，很快就找到了我。我俩切开西瓜，边吃边谈。

9 月 4 日晚，经过将近一昼夜的奔驰，68 次列车缓缓驶进北京前门车站。

我和曹仁义走出车站，只见迎面一排横幅和校旗，首都各高等院校都在迎接新生。我们找到了北京广播学院的校旗，站到校旗下，就像到了家一样，心里踏实了。接站的老师一见我们就问："你们是东北来的吧？"我们奇怪："你怎么知道的？""咳！看你们穿的衣服就知道了。"我们一看，恍然大悟：我穿一件蓝外衣，曹仁义穿一件黑外衣，而人家穿的是短袖背心加大裤衩。9月初，东北已进入秋凉时节，而北京刚刚度过炎夏。

接站的老师帮我们取出了行李，新生凑够了一拨，我们便坐进大轿车，直奔北京广播学院。这是我生平头一次坐大轿车。从塞外的小城市来到首都，观赏着车窗外宽阔的马路、高耸的楼宇、迷人的灯光、漫步的行人……仿佛置身仙境。

大轿车穿过天安门广场和西长安街，拐了个弯，进入一条有着林荫道的小巷，在一座院子里停下。我下了车，环顾四周，夜色中看不大清楚，但也明白了这里不是什么庙宇，而是楼房。看来，"真武庙"只是个地名而已。

我们这拨新生被带进一楼的大食堂，饱餐了一顿热气腾腾的面条，然后扛着行李，爬上五楼的一间宿舍休息。

第二天，我在校园里仔细地考察了一番。校园很简单，就是一幢马蹄形的五层灰砖楼，朝西的楼门上方，挂着一个横匾，上写"北京广播学院"六个大字。院子很小，一个篮球场就占了一半的面积。北京的同学见多识广，说别的学校校园多么好，有大操场、图书馆楼等，可我却很知足：一幢楼也很好，吃饭在一楼，上课在三楼，睡觉在五楼，刮风下雨都可以不出楼。一个宿舍20多人，上下铺，这比我在高中时强多了。在白城一中，我们睡的是大通铺，烧煤炉子。现在好歹是一人一张床，还有暖气，条件当然改善了许多。

5号、6号两天，北京的同学分头带我们这些外地的同学逛大街。北京的同学真热情，说话口音和腔调很好听，讲解详细，用现在的话说，就是真能侃。我们这伙人，由樊保安带着逛街。我们不坐车，就靠两条腿走路。从真武庙往东走，在南礼士路路口，耸立着一座俄式建筑——广播大厦。当年北京的楼房，以五层居多，最高的也只有十层，广播大厦和西长安街的民族饭店、水产部大楼都是十层，与北京广播学院一路之隔的工会大楼是八层，当时已算是高层建筑了。

再往东，是复兴门，那时还有城墙和护城河。复兴门桥是一座石桥，桥东有一间孤零零的小饭馆，我们戏称其为“桥头堡”。再往前行，穿过西单，来到了天安门广场。啊！天安门，首都的符号，祖国的象征。在电影里，在画报上，我千百次目睹过你的尊容，今天终于来到了你的身边。我抚摸着天安门城楼前的华表和石狮，抚摸着金水桥上的汉白玉栏杆，心中感慨万千。

从天安门城楼举目四望，南面是高耸的人民英雄纪念碑，西面是巍峨的人民大会堂，东面是革命博物馆和历史博物馆。这几座建筑都属于为迎接建国十周年而兴建的首都十大建筑之列。

我们漫游完天安门广场后转入东交民巷。1956年“苏伊士运河”事件时，首都群众在英国代办处门前游行抗议，至今，东交民巷的围墙上还残留着标语的痕迹。樊保安给我们讲述了当年游行的情景。我过去在报纸上读过有关的新闻，那天亲临现场，又有一番新的感受。

这就是我从在一个东北小城参加高考，到来京报到入学的大致情况。现在想来，那时的种种总是令我忍俊不禁。我现在常喜欢与一众同学说笑，说的是那个时代我们的过往，笑的是那个时代的青春洋溢和淳朴热血。这些回忆，值得我如数家珍，永远珍藏心底！

六十年前广院录取通知书引发的断想

马元和

六十年前的初秋，我怀揣炙热的大学录取通知书（见图 1），挥泪告别了抚养我长大的母亲、长我五岁的姐姐和小我五岁的弟弟，登上了去石家庄的四面透风的汽车。到达石家庄火车站购票处，我出示了广院录取通知书和母亲为我准备的购买进京车票的钱，售票人员在录取通知书上盖了石家庄站的小方章，然后我就登上了进京的火车。这是我第一次乘坐火车，那时的火车都是蒸汽火车头，行驶速度较慢，不到 300 公里的路程用了六七个小时。出于好奇，火车每次停靠，我就在小本子上记下站名（见图 2）。

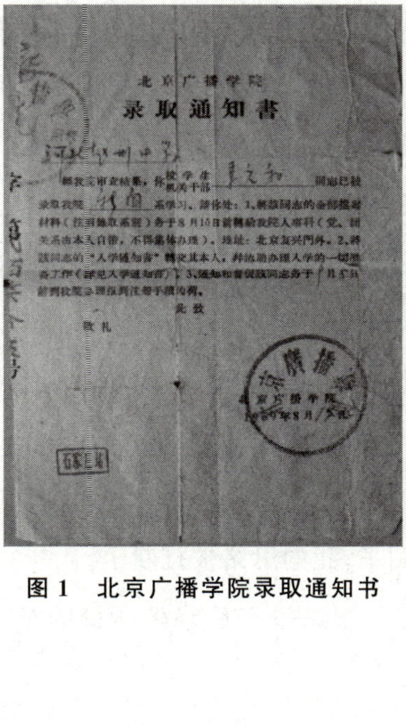
北京广播学院
录取通知書
此致
敬礼

图 1　北京广播学院录取通知书

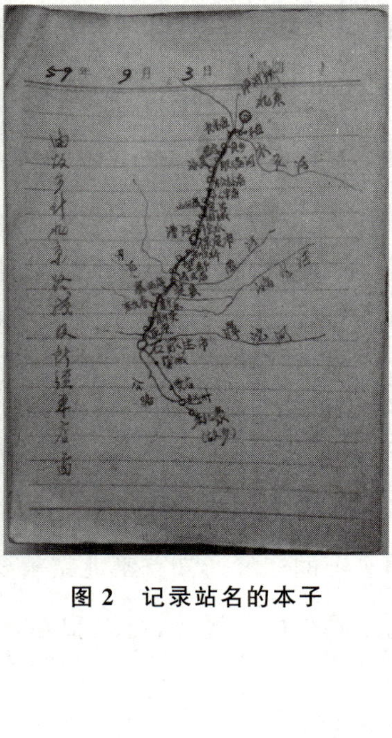

图 2　记录站名的本子

火车走一会儿，停一站，走一会儿，停一站，我的思绪回到了童年。我跟着母亲多次去15里以外的县城办理父亲在解放战争中牺牲的有关手续，看着裹着小脚的母亲走路十分吃力，我心里十分难受。农忙时，我与母亲及姐姐在自家地里摘棉花、收割小麦，将棉花秸秆和麦秸收回家当柴火做饭。麦收后，母亲用新麦磨成的面粉为我们做面条、烙白面饼，面条上再滴几滴滚热的葱花油。秋收后，我们将晒干的芝麻从芝麻秸秆中打到包袱皮上，母亲偶尔会为我们炒点芝麻。她将芝麻裹上面粉，经过几遍翻炒，芝麻饼香味扑鼻，那是我们最幸福的时刻。由于父亲参军，家里只有母亲一人抚养我们三个未成年的孩子。有一年收成不好，眼看家里的粮缸快见底了，我就偷偷地跟随一位堂兄去临近的村庄讨饭，因为那天正好是赶大集的日子。在一个大大的席棚前有一名成年男子对我"甜言蜜语"，要我跟他一起走，并保证以后让我好吃好喝。这时我想起，这次出门，母亲还不知道，我拒绝了那个男人的要求，急忙回到家里，向母亲诉说了这次经历。母亲听后并没有责怪我，而是轻声细语地说：以后再也不许去外边要饭了，母亲经历千辛万苦也要把你们姐弟三个养大。我想起，母亲经常是白天下地除草、施肥、浇水，在农田里操劳，晚上在煤油灯下给我们缝补衣服、纳鞋底做鞋，她日夜不停地操劳着。我无法想象一个30多岁的小脚女人为何有如此巨大的恒心和毅力，硬是一年又一年地将我们姐弟三人抚养长大。我想起，我进京报到的前一天夜晚，母亲还在煤油灯下为我缝补衣服。年近半百的母亲，在蝇头灯火的灰暗灯光下穿针引线，十分艰难。正如唐朝孟郊的诗所描述的："慈母手中线，游子身上衣。临行密密缝，意恐迟迟归。"今天，我离开了亲爱的母亲，她和弟弟又到汽车站为我送行，汽车开动后，他们还在向我挥手，真应了那句老话：儿行千里母担忧。她为我担忧，我也想念母亲和姐弟。我下定决心，这次进京求学一定要努力学习，报答母亲的抚养之恩，报答国家对一位烈士之子无微不至的照顾。

列车上的广播通知首都北京就要到了，我的思绪被打断了。

由于乘坐的是慢车，所以我在永定门车站下车后乘坐学校的车抵达了学校所在地。这是一座灰色的五层马蹄形的楼房，接待人员说这就是北京广播学院的校园。我背着行李爬到五楼的一间大屋，这里就是我们的宿舍，大约有十几张双层床。我还被告知，学校的食堂就在一楼，操场就是大楼环抱的马蹄形院子。这与我想象中的大学校园相距甚远。这里没有我们赵州中学的大操场，教室设在三楼，也没有我们中学的教室正规。唯一相似的是，整座大楼用灰砖建成，而我们赵州中学的平房也是这样。尽管如此，这仍是首都北京的一所大学，广播事业局直属的高等学府，这里是北京而不是赵县县城，进了这座高等学府我就变成了北京的大学生。想到这些，我的心情无比激动。

1959 年 9 月 7 日，北京广播学院成立及开学典礼在雄伟的广播大厦音乐厅隆重举行。音乐厅的顶灯不时地变换颜色，五颜六色，美轮美奂，我们犹如进入童话世界。主席台的两侧顶端分别是仙童手包小提琴和我国的传统乐器笙，中间的雕塑则是两位翩翩起舞的仙女。整个大厅高大现代。开学典礼上，广播事业局局长梅益讲话，副局长兼院长周新武主持。会后，大家在广播大厦前照相。晚上，在音乐厅举办庆祝晚会。参加这一系列的活动时，我好像一直在梦中。我从一个小县城的中学毕业，之前从未见过如此现代化的建筑，更未聆听过国家级别的音乐会。直到第二天早晨，我才如梦方醒。

图 3　新闻系同学下乡参加秋收时的照片[左为余惠琴，右为刘相臣]

我在新闻系学习了两年。对我日后的工作影响最深的课程是广播业务讲座、新闻写作和社会知识课。梅益局长在开学典礼上的讲话，左荧院长的大课，温济泽、罗东、邹晓青等讲授的政治思想课、广播业务、外国文学、国际形势报告以及其他老师教授的文学语言等课程的细节一直在我脑海中不时地涌现。这些课程使我了解了广播在我国革命和建设中的重要作用，使我对这个行业逐渐产生了浓厚的兴趣，广播成为我终身从事的事业和为国家效力的平台。

图 4　1960 年春天与新闻系同组同学合影

两年之后，1961 年 9 月的一天，王心荣老师找我谈话说，根据局领导梅益的指示，要从新闻系的两个年级抽调部分同学开办一个英语班，目标是培养未来的广播电台驻外记者，我当即表态服从领导的决定。而在此之前，我刚刚连任新闻系 59 级四班的宣传委员。

同年 10 月 18 日，从新闻系 59 级和 60 级抽调的十几位同学组成的英语班正式开课了，英语课的主讲老师是曾经担任过《大公报》驻伦敦记者的黎秀石（毕业照前排左四）。30 年代时，他曾在燕京大学新闻系学习，师从美国著名记者埃德加·斯诺（几年前，我曾写专文回忆，这里不再赘述）。

图 5　北京广播学院首届英语班毕业合影，其中姜绍禹（第二排左三），喜万仓（第二排右四），王尤莹（第三排右一），章杏娣（第二排左一），马元和（第二排左五为）5 人由新闻系 59 级转入（1965 年）

英语班的同学中来自新闻系 59 级的有 5 位：章杏娣（毕业照第二排左一）来自 59 级一班，毕业后被分配到上海外语学院任教；喜万仓（毕业照第二排右四）来自三班，毕业后被分配到广播事业局援外处（后更名为中国广播电视经济技术合作总公司），在非洲从事援外工作多年，其间曾被借调到国际电台，担任驻澳大利亚首席记者，他和夫人张美华撰写的稿件曾获奖；姜绍禹、王尤莹和马元和均来自四班。姜绍禹（毕业照第二排左三）毕业后留校担任英语公共课老师，被评为副教授；王尤莹（毕业照第三排右一）毕业后短暂留校，在图书馆工作，之后不久被调到中央人民广播电台新闻部，后到文教部担任编辑，退休前的 10 多年她一直在全国老龄委主办的《中国老年》杂志社工作，担任文教部主任、编审；本人马元和（毕业照第二排左五）毕业实习时被分配到广播事业局国际联络部，毕业时仍被分配到这一部门(该部门后更名为广电部外事司),历任翻译、组长、副处长、处长、副司长、司长,退休前三年任国家广播电视总局香港记者站站长。在繁忙的工作中,我始终注意收集有关各国广播电视发展情况的资料,在广院老师特别是赵玉明老师的督促指导下,80 年代曾到广院新闻研究所介绍美国的广播电视概况,还曾应赵玉明老师的要求,为新闻系开办过两个学期的国外广播电视讲座;为《新闻学大辞典》及《中国大百科全书》(新闻出版卷)撰写外国广播电视条目;参与撰写了赵玉明教授主编的《中国广播电视通史》中有关港澳台的章节;撰写了《当代中国的广播电视》的对外交流篇;出版了我多年撰写的出访记录——《国外广播电视见闻及对外交流》;主编了从 1950 年到 1997 年的中国广播电视对外交流大事记《传送友谊——中国广播电视的对外交流与合作》等。在香港任职期间,我制定了总局记者站三定方案及相关的规章制度,让分散居住的中央电台、国际电台以及总局记者站的人员全部搬入成和道十八号公寓楼,这是原广电部和央视在 1996 年联合出资购买的公寓大楼。这就为集中管理三台驻港记者创造了有利的条件,同时也节约了租用住房和办公室的资金。

没有在北京广播学院五年半的学习经历,我不可能完成上述的这些任务。每次回顾前半生的经历,无不对母校的教育万分感激。毫不夸张地说,没有北京广播学院的教育培养,我就不可能掌握为国家效力的本领。

想到这些,再看看那张十分普通的 16 开的录取通知书,虽然它轻如羽毛,但它的分量在我心中却重如泰山。正是它使我拥有了踏入祖国首都——北京的通行证;正是它使我拥有了由农村户口转入城市户口的机会;正是它使我昂首挺胸地踏入北京广播学院的门槛,成为我们东纪毫村第一位大学生;正是它使我有机会通过大学的学习,掌握一定的知识,可以为国家承担一份责任;正是它使我拥有足够的勇气和技能,继承为解放全国而牺牲的父亲未完成的遗愿,为新中国的建设作出自己的一份贡献;正是它使我有缘结识许多知识渊博的广院教师和才华横溢、热心助人的同学;正是它使我并未虚度青春年华,为国家的广播电视事业出了自己的一份力。

当年我到广院报到时，恳请接待人员允许我保留这份对我弥足珍贵的录取通知书.万幸的是，我的这个要求意外地得到了满足，因此这份珍藏了一个甲子的广院录取通知书得以展示在读者的面前，如今，它已被中国传媒大学校史馆收藏并展出。

欢迎你们——亲爱的同学们

亲爱的同学们：

我们以十分愉快的心情，热烈地欢迎你们。

你们踏进北京广播学院的大门的时候，心中一定有说不出的高兴，高兴自己正在伟大祖国建国十周年的前夕考上了社会主义新型的学校，高兴自己将来毕业后能够肩负起祖国人民广播战场上一员尖兵的任务。我们也同样地感到非常高兴，因为又有几百名胜利将军和我们一起为了祖国的需要大踏步地向科学进军了。

紧张而愉快的学习生活就要开始了。在学习的道路上，一定会碰到一些困难。但是，我们坚信，在党的领导下，在党的教育方针的指导下，在广播事业局、中央台以及全国广播工作者的支援下，在全院教职工和同学们的通力协作下，只要我们鼓足干劲，力争上游，端正学习态度，以刻苦顽强，努力不懈的精神对待学习和工作，就一定会战胜任何困难。在又红又专的大道上飞奔向前。

我们的学院是为了发展人民广播事业而新建的。一切事业在初创阶段都不能十全十美，在物资设备和教学条件方面，最初可能还有不足之处，但所有这些都只是前进中暂时的困难。希望同学们以主人翁的态度来对待目前的困难，把自己的母校建设得更完美、更漂亮！

亲爱的同学们！我们热烈地响应党的号召，争取在学习、思想、劳动三个战线上都获得丰收。

祝同学们身体健康。

北京广播学院

1959年9月3日

(此部分内容略有删减,原件藏于中国传媒大学校史馆)

周新武同志
在北京广播学院开学典礼上的讲话

周新武

同志们、同学们：

我们的广播学院今天开学了！

北京广播学院，在临近我国国庆十周年的时候，在我国的首都创立。我们的广播学院，是我国社会主义革命和社会主义建设取得伟大成就的产物，是人民广播事业迅速发展的产物。

我国是一个社会主义的大国，人口众多，约占世界人口的四分之一，等于美、英、法、意、西德这五个主要资本主义国家人口的总和的将近两倍。我国国土面积广阔，在世界各国中居第二位，比上述五个主要资本主义国家面积的总和还多。要迅速地、普遍地传达中央的意图，集中全国人民的意志，广播成为最有效的工具中的一种。

我国是劳动人民当家作主的国家，工人阶级先锋队——中国共产党的领导和群众路线，是我们取得一切胜利和成就的根本保证和根本方法。党对人民群众进行经常的宣传教育、贯彻领导意图、提高群众的自觉性、发动群众，广播也是最有效的方式。

我国原是一个“一穷二白”的国家，全国人民迫切要求迅速摆脱经济和文化落后的状况，要求迅速把自己的祖国建设成为拥有现代工业、现代农业、现代国防和现代科学文化的社会主义强国，要求社会主义建设各个战场上的跃进和成绩的不断跃进，要求迅速提高生产力和自身的科学文化知识。鼓舞全国人民进行生产劳动和建设社会主义的热情，传播先进的经验，传播科学文化知识和丰富人民的文化生活，广播也是最有效的工具中的一种。

因为广播有巨大的、别的工具不能完全代替的作用，所以在1949年以后的十年中，人民广播事业得到党、政府、各人民团体和人民群众的关怀和支持。随着社会主义建设的飞跃发展，广播事业也得到非常迅速的发展。

到今年上半年，我国共有无线电广播电台105座，它们分布在首都、各省省会、各自治区的首府、大城市、全国大多数的中等城市和工矿区。中央人民广播电台各个频率的发射电力，已经不再是解放初期的几千瓦，而是100千瓦以上，甚至几百千瓦；省和自治区电台的发射电力也不再是过去的几千瓦，多数是150千瓦了。只是1958年一年，全国增加的无线电广播发射电力，就等于国民党统治时期最高电力的四倍半以上。全国近两千个县、市，绝大多数都建立了有线广播站，去年农村实现了人民公社化以后，还建立了七千多个人民公社的有线广播站，多数工厂、矿田、机关、学校、部队、列车、轮船、工地、码头等都建有广播站。广播电台和广播站连接在一起，就构成了全国的城乡广播网，使中央重要的决定和重要的国内外新闻，能立即传遍全国各地。

随着我国社会主义建设的需要和人民群众的要求，广播已经成为建设工作和人民生活中不可缺少的一部分。广播的节目，不但质量不断提高，形式日益丰富多彩，播音的时间也有很大的发展。各个广播电台播出的时间，已经不像解放初期那样许多电台每天只播出七个小时左右，而是每套节目一天播出十几个小时。不少电台还办了两套以上的节目。以中央人民广播电台为例，它就办有两套面向全国的节目，准备在最近增加第三套；有五种少数民族语言节目、对华侨的节目、对台湾的节目；还有用18种外国语言对世界各国广播的节目，还将不断增加对国外广播的外国语言节目。

去年5月，我国又开始了电视广播。现在，除北京和上海两个城市建立了电视台以外，广州、成都、天津、沈阳、哈尔滨、鞍山、抚顺等许多城市也都在积极筹备，在电视设备能够成批供应的时候，电视台将很快地在许多重要城市建立起来。

为了适应我国社会主义建设高速发展的需要，适应对国内国外宣传的需要，广播工作在发射、传送、接收等各个环节上，都将不断地提高技术水平。因此，除每年进行新设备的研究制造以外，还在去年建立了广播科学研究所，研究先进的广播技术。

因为广播事业迅速发展，到今年上半年，在全国各个广播部门工作的人员，已经达到约三万人。但是，各地方的广播机关，还是感到干部在数量上和业务条件上都远不能满足工作和发展的需要。因此，培养和补充大量的又红又专、德才兼备的广播工作干部，让他们到广播工作战线上来，成为广播更好地为祖国社会主义建设服务的关键之一，成为广播事业继续顺利发展的关键之一。我们曾经举办过中等专业学校和训练班，培养过成千的干部，把他们补充到广播战线上来。这些干部在广播工作中作出了很好的贡献，对于广播事业的发展起了很大的作用。为了更好地适应广播事业为社会主义建设服务的需要，还必须继续培养干部，培养水平更高的干部，培养符合更多的广播业务部门需要的干部。因此中央广播事业局在去年办了高等的专科学校，今年创办了北京广播学院。

创办北京广播学院，是出于我国社会主义建设高速发展的需要、党的宣传工作的需要、广播事业迅速发展的需要，因此，得到各领导机关和有关部门的支持，得到全国各地有关机构的支持。

我们培养干部的目标是很明确的，就是培养广播工作各部门所需要的合格的干部，我们的学员毕业后到广播的编辑采访部门、科学研究部门、技术维护部门、基本建设部门、设备制造部门等岗位上，为祖国的社会主义建设事业、为劳动人民的事业服务，贡献自己的才智。

因此，我们学院的同学，在学习期间，首先必须努力学习马克思列宁主义的基础知识，领会毛主席的思想，树立正确的世界观和工人阶级的立场，并且经过生产劳动的锻炼深入地联系群众，树立和培养热爱劳动人民和热爱劳动的思想感情；要熟悉党在各个时期的对各种工作的政策，熟悉各个时期国内外的形势和重要事件，学习用马克思列宁主义的立场、观点和方法观察问题和处理问题，不断提高自己的政治认识；还要熟悉广播业务的有关理论知识、经验和技能，并且尽可能地学习更多广播部门业务的有关知识，提高语文修养，扩大知识领域。

我们的学院，将非常重视同学们对马克思列宁主义理论的学习、时事政策的学习和专业知识的学习，重视同学们的劳动锻炼，重视与日后工作业务有关的实验和实习，并且尽可能地帮助同学们获得比较广博的知识，使同学们毕业后走上广播工作的具体岗位时，能比较快地、比较好地担负起组织所分配的任务。

我们的学院是刚刚创办起来的，自然有许多问题还需要逐步解决，不像许多历史悠久的学校那样条件完备。但是，因为我们学院的创办，同样是出于祖国社会主义建设飞跃发展的需要、出于人民群众生产和生活的需要，所以我们得到了各方面热情的支持，在党中央有关部门、教育部、广播事业局的领导下，全院师生员工只要鼓足干劲，一起积极且努力，就一定能够在不太长的时期内，获得更好的教学条件。我们现在在校的同学，也应该把亲身参加学院创办初期的建校工作看作自己的光荣任务。

在北京广播学院筹备期间，教育部和广播事业局的梅益局长和各位领导同志以及各个部门的同志，都非常关切；李伍副局长和许多参加筹备工作的同志，还有原来专科学校的教职员和同学，都做了很大的努力；教师们花了很多时间，紧张地为开学后的课程备课；基本建设部门的同志正在为我们的新校址的建设工作紧张地设计和筹划。我们应该感谢他们。

几百位有觉悟的同学到北京广播学院来学习，立志在广播工作岗位上为祖国、为劳动人民、为社会主义事业服务，我们已经在做广播工作的同志非常欢迎同学们。

我们的学院今天开学后，将按领导机关指示的精神，用约三个星期的时间集中地学习中共八届八中全会的文件，这是我们这个学期的政治课的重要内容。在最近几天内，我们将找机会专门谈这项课程的有关问题。在国庆节后，我们还将按照关于高等学校学生参加劳动的统一规定，让同学们到人民公社去劳动约一个月，十一月份回校学习。

同学们！我们国家的社会主义建设，正在迈着一日千里的步伐前进，人民广播事业发展前途的光荣任务正在等着你们，希望你们珍惜这四年的时光，努力学习，刻苦锻炼，不断提高，不断进步，使自己成为又红又专、德才兼备的干部，在毕业以后，能够胜任并愉快地完成自己岗位上的工作任务！

1959年9月7日

周新武(北京广播学院第一任院长)

新同学代表张梅荣的讲话

张梅荣

各位老师和全体同学：

从今天起，我们曾在中学阶段就向往的大学生活开始了。这是我们新生活的开端，也意味着我们的肩膀上从此担起了祖国交给我们的职业重担。当我们迈着坚定的步伐跨进学校大门的时候，我们得到了老同学的热情招待和无微不至的照顾，这使我们感到无限的温暖。在这里，我代表全体新同学向老师和老同学表示深切的感谢。

今天，我们能够胜利地结束中学的学习，响应祖国的召唤，考入北京广播学院，开始过大学生活，这在旧社会里是我们工农子弟连做梦也难想到的。在伟大的新中国成立十周年的前夕考入这个新兴的社会主义的学院，真使我们感到无限的幸福，有着说不出的愉快。这完全是党和毛主席领导的结果。虽然我们的学院在有些方面还不完善，但我们坚信，在党的领导下，在我们全体师生员工的努力下，我们学院会一天天充实完善起来。我们应该而且非常愿意付出我们的力量，使我们的学院迅速发展繁荣！

我们新同学虽然来自四面八方，从东北的黑龙江到南边的海南岛，从东边的海滨到西边的新疆，几乎全国各个地方的都有；我们的语音虽然不同，生活习惯也不一样，但是我们一见面就亲如兄弟姐妹，好像我们以前早已认识了一样。这是因为我们大家志同道合，有着共同的目的和愿望：为了共产主义。因此，我们见面如亲人，很快就相互熟悉起来了。

我们的学院从今天起正式开学了。我们一定要做到以下几个方面：

一、在思想政治方面，一定要在学院党委的正确领导下，加强政治理论学习，以马克思列宁主义武装起自己的头脑，一定要做到思想红。

二、在学习上，一定要刻苦钻研，以最大的努力去完成党交给我们的光荣的学习任务。党团员要积极带头，发扬艰苦朴素的优良作风，树立良好的学习风气，使自己成为具有马克思列宁主义思想、有文化的劳动者。

三、要艰苦劳动，养成爱劳动的习惯，继续发扬我们在中学阶段的爱劳动的优良作风。

四、要遵守学校的一切制度，发扬守纪律的良好习惯，生活学习战斗化。

五、我们一定要团结一致、互相帮助，和老同学加强团结，互相之间打成一片。

总之，我们一定要听党的话，跟着党走，党指向哪里，我们就走向哪里。我们决心要做到读书、思想、劳动三丰收，要攻开科学的堡垒，攀登上科学的高峰，要坚决、勇敢地承担起祖国交给我们的光荣的学习任务，坚决做一名我们伟大祖国广播战线上的尖兵。

亲爱的祖国、亲爱的党，我们绝不辜负您对我们的期望和培养，我们一定会做到政治思想挂帅，刻苦学习，克服前进道路上的一切困难；热爱劳动，遵守纪律，紧密团结，向着红专的康庄大道勇猛前进，为我们伟大祖国的广播事业贡献出我们青春的光和热。

1959 年 9 月 7 日

灰楼情

亦师·亦父·亦友

——记与温济泽老师相识的点点滴滴

孟昭琴

指　导

1959 年我考入北京广播学院，有幸遇上温济泽老师给我们讲课。

他讲课是一流的，听他讲课是一种享受。他博学多才，讲得深刻、透彻、动听，是备受学生尊重、敬仰、爱戴的好老师。

1963 年毕业前，新闻编采专业举办了“毕业作业展览”。温老师是展览室的负责人兼指导老师，我是讲解员，很荣幸能近距离地向老师学习求教。当年我在北京人民广播电台实习，毕业作业写的是录音报道：北京鞋厂见闻。温老师很耐心地听了我制作的节目，思索了一会儿，和蔼地对我说：“你们刚学了录音报道这种形式，觉得新鲜，想尝试一下，可以理解。而为什么要用录音报道？录音报道与通讯这两种形式有什么区别？这是要弄个清楚的。”他指出：“录音报道是新闻性广播节目的一种重要形式，一种不可缺少的形式。而录音素材是为主题服务的，如果对表现主题可有可无，就不要用；如果会损害主题，就坚决不用。”温老师很中肯地指出：“我觉得你采访的鞋厂本身，就没有什么有特点的音响素材，用录音报道的形式有些勉强。写个通讯为好。”在老师的指导下，我又写了一篇通讯，得到了老师的肯定。大到广播新闻理论，小到一篇录音通讯，温老师对学生的进步成长，倾注了他的心血。

叮 嘱

大学毕业后我被分配到福建人民广播电台。当时系领导找我谈话，交代了“特殊使命”，我是带着学校的瞩望登上北京开往福州的45次列车的。

之前，温老师听说我要去福建的消息，与我小谈了一次。他得知我是北京人，从小生长在北京，从没离开过家乡后，就像老父亲叮嘱要出远门的孩子一样，亲切地对我说：“你是北方人，要过好在南方生活这一关。开始会不适应，正像我们南方人到北方生活一样，适应了就好了。”

谈到理想，谈到工作，温老师特别嘱咐我：“一定要记住周总理在人民大会堂接见你们应届毕业生时说的，毕业后要在工作中继续努力学习，在学习上永不自满，在生活上要知足常乐。”温老师说：“你要出征了，没有什么送你，我就把尼古拉·奥斯特洛夫斯基的箴言转抄给你，一做祝愿，二为共勉：只有前进，只有走上火线，只有走向胜利——此外不到任何地方去。”最后，他语重心长地对我说：“毛主席的‘为人民服务’要牢记心中，不能停留在口头上，必须有真才实学才能做到。记住，要当个好记者，一定要从做个好人开始。不做违心的事，不说违心的话。”

友 情

1984年的一天，我出差到北京，特意到中国社会科学院看望温老师。这是我离开北京20多年后第一次与温老师相见。我敲开办公室的门，喊了声“温老师，您好！”老师站起来，眯缝起眼睛，慈祥地打量着我，点点头说：“记得，记得，你是去福建的……”温老师超人的记忆力真让我折服。他已是70岁的老人，面庞消瘦，头发花白，脸上添了细细皱纹，唯一没变的是他的精气神。他那深邃的目光，依然充满睿智和慈祥。

我看到办公室安了床铺，问老师怎么回事，他幽默地说：“老伴和保姆不要我了。我把家搬到办公室来了。”他 44 岁时被错划为“右派”，64 岁得到“改正”，他睡在办公室是为了弥补损失的时光，为党多做些工作啊！他说来日不多了，要做的事太多，不能虚度时光啊！温老师把自己比作一只鸿雁，在漫漫的征途上，苦苦飞奔了多年，经受烈日晒、狂风吹、暴雨淋、雷电轰，剩下稀疏的片片羽毛，现在是“小车不倒只管推，推着小车继续前行”。

看到老师这么繁忙，我不忍心占用他的宝贵时间。我们握手话别，互道珍重。

在回来的路上，我想着温老师慈祥的面容、质朴的话语，这些在我心中留下了深刻的印象，令我永远不能忘怀。

温老师像春蚕吐丝，“留赠他人御风寒”的献身精神，永远值得我学习。每当我遇到困难挫折，就会想起温老师，他在面对人生逆境之时表现出的勇气与淡定，像一束光一样，永远照亮着我。

忆刘涬同学

梁珊如

刘涬是我们59级1班的生活委员。个儿不高，大眼睛，皮肤黑黑的，话不多。他什么时候都是笑嘻嘻的，好像心里揣着不为人知的喜事，总也忍不住，总想笑。可能是有一种叫作"微幸福"的东西在他心底藏着，很小的事也能让他快乐。是的，能上大学，够幸运了，还有什么不满足的呢？

他确实有一种满足感，这种满足感渗透到了学习、生活的每个方面，令他做什么都情绪饱满。

生活委员是全班同学生活的总管，领助学金、粮票、饭票、馒头票（供自己灵活掌握的馒头票）、豆制品票、点心票的，都是他。他领的是总数，领来之后再逐个分发到全班40多个人手里，琐碎而麻烦。这些工作都是在课余时间做的。下课了，别人去玩，他一个人在教室里低着头忙。好在我们有个固定的教室，晚自习和小课时间大家都在教室，发起来方便。这么多琐碎的事情，他从没有出错，也从没有一句怨言。

放寒暑假时，他还要增加一个任务，就是帮同学登记火车票，火车票来了，由他发到每个人手上，同时还要发助学金、退饭菜票、发粮票（把北京粮票换成全国粮票发给大家）。大约是1960年，放暑假了，我原来打算不回家，就把留校期间的饭菜票都领了。这时候同学们忙着打背包回家，一个一个和我说再见时，触发了我的思乡之情，我的眼泪止不住地流，我忍不住也想回家。我去找刘涬，对刘涬说我也要回家。刘涬说："怎么了？家里有事？"我说："不是，是想家。"说着，眼泪又流下来了。刘涬问："有钱吗？"我说："没有。"刘淳说："那怎么走？"我说："我算了一下，12 元能买学生票的慢车票。我把饭票退了，再把余下的助学金给我就够了。"刘淳很担心，说："路上吃饭怎么办？"他迟疑了一下，说："那就到食堂买几个窝窝头带着在路上吃吧，不过，还得准备点零花钱。"我说："我向同学借 5 块钱，回来还吧。"他看我的决心大，就帮我把饭票退了，还把剩余的助学金给了我，我这才踏上了回家之路。

刘淳为同学服务实在、周到，在校几年都是如此。毕业后听说他被分到了家乡唐山市。唐山大地震后，我到处打听他的消息，后来听同学说，大地震那天晚上他在赶稿子，没睡，安然无恙，可是，他失去了妻儿。我为他难过了好久。2013 年秋天，59 级新闻系同学聚会时，有同学告诉我，刘淳走了。我心里咯噔一下，脑子里总有一个念头回旋：他怎么就走了呢，他怎么就走了呢？他是个好人，他助人、体谅人，与同学没有一点心理距离。直到如今，我眼前还浮现着他 60 年前默默地为同学服务的身影。他那样的好人，灵魂一定会到天堂，在天堂，他会过着更幸福的生活。

忆余构文同学

钱燕茹

在人的一生中，有些事情一瞬即逝，可有些事情，即使是一件小事也能让你记一辈子。现在，虽然余构文同学离开了我们，但我会永远把他铭记在心中。

我记得，我们59级新闻系第一学年就开设了有关中国汉语语音和普通话学习的课程，这门课对我们北京同学来说太简单了，可是对外地同学来说，却是非常困难的。

余构文同学就是其中的一个。他是一个地地道道的广东人。我曾记得，他坐在和我同排的倒数第二个位子上。他高高的个子，稍稍有点儿尖下巴，厚厚的嘴唇，一副大大的、厚厚的眼镜架在鼻梁上，眼睛显得有点儿斜视。他经常上身穿一件粗布白衬衣，下身穿土黄色的裤子，脚上趿拉着一双塑料拖鞋。他很斯文，有些腼腆，见了同学总是笑眯眯的。

为了学好普通话，教汉语的徐世荣老师要求我们"一帮一、一对红"。我是北京人，当然是帮助者。有一天，余构文找到我说："咱们俩一帮一、一对红吧，怎么样？"我说："可以呀！"他说："那你就是我的老师了。"从此，我就随时随地纠正他的发音。他学习非常刻苦努力。卷舌音对他来说是难点。他一次、两次、几十次地练习，终于掌握了发音技巧。我记得那年冬天，我们到广播剧场上语音课，外面下起了大雪，雪花飘落在窗棂上，他好惊奇、好兴奋，激动地说："我真的看见雪花了，多美呀！在我们那里是看不到雪花的。"我随即告诉他："雪花的'花'字应该念'花儿'，你会说吗？"这下可把他难住了。我说:“花的儿化音要把舌头卷起来。”他张大嘴巴,舌头一伸一伸的,就是发不出“儿”的声音来,他涨红了脸,急得满头大汗,豆大的汗珠从头上、脸上滚下来。下了课,我们从广播剧场一直练到学院教室里。我劝他要慢慢来,歇一会儿,他却说:“这是工作的需要,以后要搞广播工作,不会说普通话怎么行?”这句话深深地触动了我,激励着我坚定信心,一定要尽我最大的努力,帮助他学好普通话。

时间过得飞快,转眼 30 年过去了。我记得在 20 世纪 90 年代初,我到深圳参加全国电视新闻信息交流会,想顺便看看他(那时,他在深圳广播电台任总编室主任),托人给他捎了信儿,但正赶上他开会,我只好表示遗憾了。但当我们吃完中午饭,正集合要上汽车时,我忽然听到一个呼唤我的声音:“钱燕茹在哪里呀?”我顺着声音望去,只见余构文满头大汗地跑过来,嘴里叨念着:“真对不起,刚开完会,来晚啦。”我不知所措,我们互相握了手,问候了几句,我就匆匆忙忙地上车了。汽车开动了,他直直地站在那里,频频地向我招手,直到汽车渐渐远去。谁知,这竟是我们的诀别。过了一段时间,我听同学们说,余构文同学已经离世了,我心里好难受啊。

这就是我认识的一位老同学,他是朴实、真诚,对广播事业充满热情的余构文同学。

余构文同学安息吧!

第一期电视摄影班开办的前前后后

董作风

电视是20世纪30年代在世界上发展起来的现代化新闻宣传工具。我国电视事业起步较晚，但开始后就发展得很快，从1958年5月1日第一座电视台——北京电视台（央视前身）建立，到1960年末，我国已建成20座电视台和16座实验电视台。电视新闻是电视台的主体节目，从业人员是电影学院摄影系毕业的学生（包括各电视台送去的代培人员）、电影制片厂的摄影师，甚至连照相馆照相的师傅也被录用了。这些人写作能力有高有低，有的写不好解说词，当时电视台迫切需要既懂摄影又有较高写作能力的人才。

鉴于这种情况，北京广播学院（中国传媒大学前身）新闻系电视摄影专业班于1961年秋季提前开办了，开办之初，学院领导希望这个班的学生能提前一年毕业，及早为各电视台输送一批专业人员。当年抽调到这个班的学生只有27名，而全国有30多座电视台，从当时的情况来看，这是“供不应求”。

1961年7月，我在北京广播学院新闻系的第二学年结束，回农村老家过暑假，7月末返校，本以为会继续学习基础课，没想到老师却通知我到电视摄影班去学习摄影专业课。老师告诉我，这是国家电视事业发展的需要，还说抽到这个班的都是学生中的“尖子”。我没意识到我是“尖子”，至于别人是不是，我也没去想。到这个班以后，我发现同学们的眼睛都很尖——视力都很好，没有一个戴眼镜的。

那时候，没有摄像机和录像机。电视片是用16毫米胶片拍成的“小电影”，电影专用的胶片是35毫米的。专业课的教学先从照相机开始，后期转用电影摄影机。老师先教我们照相机的基本使用方法，然后我们系统学习感光材料的构成及应用、摄影构图、摄影曝光、摄影艺术等。成型的教材是吴印咸编著的《摄影艺术表现方法》，这是一本铅印的书，其余教材都是油印的。有的课程没有教材，全靠老师讲，学生们用笔记。摄影教研组负责人是矫广礼，班主任是朱羽君，任课教师有赵金城、刘立冲、王梅花。专业课除了摄影外，还有电视片解说词的作用与写作方法，任课教师是任造鼎。

摄影器材因陋就简：照相机的类型有苏联产的基辅、卓尔基，德国出产的徕卡、康泰斯，都是旧的。摄影机有美国早期出产的菲尔摩，还有瑞士出产的宝莱克斯、苏联出产的AK16。摄影机很少，同学们拍作业时只能串换使用。

摄影教学注重理论联系实际。老师让我们根据讲课内容拍照片（当时称拍作业），拍人像、静物、内景、外景，拍完后，自己冲卷、洗印（或放大）。半年后的1962年，上半年拍连环作业、群像作业，下半年用电影摄影机试拍风光片和新闻片。学生们独立采访拍摄、冲卷、洗印、剪辑、写解说词，编出完整的片子。

学院尽可能为我们创造学习条件：每两人配备一架照相机，长期使用，直至毕业。教室内放置一台14寸的黑白电视接收机（其他班没有），每周看两次电影（电影票报销）。看电视、电影是教学内容的一部分，目的在于学习其中的构图、用光、镜头组接技巧（即蒙太奇手法）。

我国电视事业兴起不久就遇到了天灾（自然灾害）、人祸（苏联撕毁合同，撤走专家，拒绝援助），国家陷入严重困境。于是，我国对国民经济实行“调整、巩固、充实、提高”的方针。1962年，全国电视台和实验电视台由30多座减为5座，即北京电视台、天津电视台、上海电视台、广州电视台、沈阳电视台。其余电视台一律停办。保留的电视台人员也精简、缩编。电视摄影班的学生没有提前毕业，1963年夏季与编采、文艺编辑等专业的学生同期毕业。毕业后，分配工作时遇到困难，只有10名同学被分配到电视台当摄影记者，其余的同学中，有的被分配到广播电台，有的改行做其他工作。沈阳电视台（辽宁电视台前身）曾提出接纳我和胡茂德，但辽宁省人事局没有批准，因为没有编制。于是，我被分配到抚顺人民广播电台，胡茂德被分配到包头人民广播电台。

在2013年9月24日举行的新闻系59级校友返校活动中，电视摄影专业班的同学只有万福先、刘景琦、郭玉山、张朋石、叶凤英、刘存志和我等七人到会。当年的老师——78岁高龄的矫广礼应邀与同学们见面。王英武、王言进、张中令、陈敬才、杜成贵等五人逝世。还有15人健在，但没有参加返校活动。

1961年北京广播学院新闻系电视摄影班的合影

拍作业巧遇李小玢

董作风

那是1990年9月28日，我收到了北京广播学院老同学朱光烈寄来的一本书——《魅力！中外节目主持人》(由朱光烈主编)。书里的两个插页上全是节目主持人的照片。在翻看的过程中，一个熟悉的面孔映入我的眼帘——"这不是李小玢吗!"我没有认错，照片说明上写着"闲暇中的李小玢"。晚上回到家中，我翻出1962年在北京广播学院期间为李小玢拍摄的照片，发现长大后她的模样基本没有变。

1959年，我考入北京广播学院新闻系，1961年转入电视摄影专业学习(1961年北京广播学院电视摄影专业成立，生源从新闻系同学中选调)。当时北京广播学院的校址在复兴门外真武庙附近，主楼是一座五层楼高的灰楼。那时中华全国总工会幼儿园就在学校西面，跟学校隔一条不宽的马路和一堵一人多高的砖墙。1962年上半年，我们摄影班先后要完成两次拍摄作业，分别是连环作业和群像作业。我的连环作业拍摄的就是总工会幼儿园的薛玉玲老师和她所带的大一班小朋友们。这个班有一个瓜子脸、大眼睛、梳两条小辫的小女孩，名字叫李小玢，她的俊俏模样给我留下了深刻的印象。

连环作业顺利完成了，6月份又开始拍群像作业。我们拍摄小组的同学经过讨论，设计出几套拍摄方案，其中一个是《节日的礼物》:"六一"儿童节，爸爸妈妈要送给孩子一件礼物。爸爸妈妈由摄影班同学扮演，另外还需要一个小朋友。这时我就想到了中华全国总工会幼儿园的李小玢，于是，我到幼儿园把她“借”来了。

模特到位，拍摄开始了：在一个房间里，妈妈（万福先饰）坐在椅子上，前面站着女儿（李小玢饰），女儿背靠在妈妈身上，爸爸（杜成贵饰）站在对面，右手举起一件礼物，女儿用充满期待的眼神望向爸爸——“咔嚓！”我按下了照相机快门，一幅生动的画面定格了！

1962 年 6 月，作者拍摄的群像作业。中间的小孩是李小玢

拍完群像作业已近中午，我把李小玢送回幼儿园吃午饭、睡午觉，跟她约定下午带她去看电影。看电影对我们摄影班学生来说是教学内容之一，我们每周可看两次电影，电影票费用公费报销，为报答李小玢帮我们完成作业，我也“假公济私”了一次。看完电影已经是下午 4 点多了，我把李小玢送回中华全国总工会幼儿园。此后，我们再也没有见过。

这是我在北京广播学院四年学习生活中的一段插曲，如今 50 多年过去了，没成想当年“借”来拍照的小朋友会成为家喻户晓的名人。因为曾经有过这样的“合作”，我对李小玢产生了兴趣，于是开始从网上查找她的资料，了解她的生活、工作。

李小玢 1954 年出生于北京一个干部家庭，小时候就读于北京第一实验小学，曾考入中央人民广播电台少年合唱团。小时候的李小玢喜欢唱歌，还担任过合唱团的领唱。

20 世纪 80 年代，李小玢是中央歌舞团的专职报幕员，曾被新闻界称赞为“中国第一女司仪”，被观众称作“国报”（国家首席报幕员），被海外媒体誉为“东方美人”。她先后主持过 2,500 多场大型文艺演出，从舞台到银幕，从人民大会堂到全国各地，她用真诚、自然、充满东方魅力的微笑，给广大中外观众留下了温暖、愉快、令人难忘的印象。尤其是她梳着大辫子的形象，成为无数次演出中的经典画面。李小玢是我国第一批晚会节目的主持人，她优雅大方、流畅自然的主持风格曾风靡一时。1987 年，李小玢和李默然、王刚、姜昆同台主持了春节联欢晚会。这是她主持过的唯一一届春晚。除了主持，李小玢还出演过电影《火烧圆明园》。李小玢有过两次婚史：第一任丈夫是个军人，结婚没多久便离婚了；第二任丈夫是加拿大华人，名叫沈小池。1989 年，李小玢赴港生子，从此告别舞台。

童年时代的李小玢

成为主持人后的李小玢

此后在大型晚会上李小玢只出现过两次。一次是 2004 年 9 月 11 日晚，中央歌剧院附属童心合唱团在民族大剧院举办纪念教师节专场音乐会，李小玢担任主持。另一次是2007年3月3日，中央电视台《同一首歌》栏目走进美国西部城市旧金山，李小玢应邀出席了晚会，并与广大观众见面。

半个多世纪以前，在北京广播学院读书时，我认识了李小玢，在我印象中，她还是当年那个未满8岁的天真可爱的小姑娘。虽然在后来的岁月里我们再也没有任何交集，但我真心希望她过得幸福、平安、快乐。

我们帮侯宝林、马季打比赛

韩　军　陈文清

1962年，我们还是北京广播学院新闻系三年级学生：韩军22岁，身高1.85米，国家一级篮球运动员，上大学前在黑龙江男子篮球队；陈文清是调干生，27岁，身高1.78米，国家二级篮球运动员，同另外10名同学组成的校队曾获得北京市西城区冠军，在有北京体院、清华、北大、钢铁学院、矿业学院等强队参加的首都大学生篮球联赛中夺得第五名，新建仅三年的北京广播学院因此扬名北京城。

北京广播学院大灰楼(今广播电视资料馆)对面的中央广播事业局干部宿舍东院有两栋粉色的三层楼，那是中央广播文工团下属的说唱团、民族乐团、管弦乐团、合唱团的办公室和排练室。

喜爱踢足球、打篮球的马季成了我们的朋友。那年马季28岁，由于机关宿舍紧张，所以文工团批准将一间较大的办公室用柜子隔起来，让马季从单身宿舍搬来住，给他一个能单独休息和创作的空间。韩军帮助马季搬家、布置屋子，还劝马季赶快找个对象成家立业。马季却笑笑说："不急，水还没到。"

1962年国庆刚过，韩军告诉陈文清，要帮说唱团同北京电影制片厂演员剧团比赛，地点在北京饭店对面的露天灯光球场，这是当年北京最好的露天球场，国家队、八一队、北京队经常在这里比赛。

国庆节后的星期六晚上5点多，灯光球场座无虚席，连篮球场白线外的地上都坐满了观众，门外还有200多名没有票的观众要求进场。出现这"爆棚”的场面，是因为大家都想看看曲艺界、电影界这些优秀导演和演员在篮球场上有怎样的表现。

双方队员开始“热身”，北影演员队队员不仅服装整齐，跑步上篮也有模有样，赢得阵阵掌声。而说唱团队员有的穿背心长裤，有的穿圆领衫短裤，个头也相差很大，1.85米的韩军成了“羊群中的骆驼”，大家围成半弧练习远投。为了“掩护实力队友”，韩军、陈文清故意不跑不投，在篮下捡球传给马季、于世犹等队员投篮，由于马季经常同我们打球，投篮很准，有时再来一个运球上篮，观众便鼓掌叫好。

现场广播介绍双方教练和上场队员。北影演员队——教练兼队员：著名导演和演员谢添；队长：著名导演和演员崔嵬；队员：电影《虎穴追踪》主演赵联、《青年鲁班》主演毕鉴昌以及《停战以后》中的美国演员……每介绍一个人，观众席里便响起一片掌声。当扩音大喇叭介绍“中央广播说唱团队——教练兼队员侯宝林”时，全场响起了震耳的欢呼声，而且掌声不息。侯大师站起来向大家作揖，掌声仍然不息。侯大师走到报告席拿起话筒说：“大伙留着巴掌，待会儿给双方队员，好不好？”“好！”掌声渐息。报告员接着介绍：队长马季，队员郝爱民、于世犹、陈文清、韩军，当然，观众席也是响起了一片掌声。

两位裁判请双方教练和队长上场。有着丰富的挑选演员经验的谢导发问：“你们队那个高个（指韩军）是说相声的还是弹弦子的，没见过呀？”马季回答：“舞美搬箱子、摆道具的。”谢导提出：“他的技术不一般，不能过中间助攻。”侯大师说：“你们演员剧团经常跟电影学院的学生比赛，体力都不错。我们说唱团经常晚上演出，很少一块儿练习，体力不如你们，我兴许上场，只要球在我手里，你们不许碰也不许拦，我这体格……”谢导抢先说：“不碰不拦，碰伤了担不起。”最后，裁判建议，为了让双方队员多休息，全场40分钟比赛分四节，每节休息5分钟，大家称赞裁判员想得周到。

根据双方实力，韩军提出：他坐镇后卫，控制篮板球；马季中锋，主要任务是中投；陈文清是左撇子，习惯于在篮下穿插，用“明修栈道暗度陈仓”战术掩护马季投篮得分。于世犹、郝爱民在前场阻碍对方运球。于是，一场别开生面的篮球赛开始了！

果然，北影演员队实力强劲，50岁出头的崔嵬像导演《青春之歌》那样指挥若定，而且，运球熟练，组织进攻有套路。谢导熟练地运球上篮，像他导演和主演的《洪湖赤卫队》里的地下党员张副官似的，十分机智。他常游泳、打乒乓球，才积攒下了这么好的身体素质。赵联的一跑一投如同他演的《虎穴追踪》里的侦察员一般灵活。唯独那位美国人，由于体大而笨，每每在篮下投篮，均被韩军"盖帽"或把球从手里夺下来。说唱团队虽然有韩军左右开弓，控制篮板球，陈文清在对方篮下穿梭，掩护马季投篮，但总是"孤掌难鸣"，不如北影演员队有进有退，有章法。

当第三个10分钟比赛结束、队员休息时，观众再一次齐喊："侯宝林来一段，谢添变个脸……"谢导早在第一节比赛结束时就换下休息了，他站起来，给观众表演了变脸（喜、怒、哀、乐），然后说，虽然球场有灯光，总不如在剧场看得好，还是请侯先生说一小段吧。侯老站出来说："干什么都有规矩，骑自行车要靠右边走，开车的不能闯红灯，不这么走，违反交通规则，犯了规矩。篮球比赛也有规矩，双方是5对5，10对10是足球赛，小小篮球场成了'人粥'。再说了，守门员怎么安排？总不能蹲在篮筐上把对方投的球没收了吧！"观众席里传来一片欢笑声。

比赛进行到第四个10分钟时，说唱团队落后，侯大师要求暂停，劝大家不急不躁，要保持最后一分钟的精气神，他还替下于世犹上场。在最后时刻，韩军布置战术说："侯老上场，站在对方罚球区附近，大家要把球递给侯老投篮，投不进，抢过来再给，再投，对方不敢阻拦，这是赛前双方约定的。"

比赛继续进行，侯大师出场亮相，全场观众一边倒，有的大喊"不准防侯大师"，有的大喊"侯大师投篮命中10分"。说唱团队全面压过中线，韩军运球送到侯老面前，由于侯老平时很少摸球，结果球滑落到地上，马季向前一步捡到球，轻轻地放到侯老手上，还说："您往前走，看准了往筐里投。"就这样，马季几个人护着侯老走到罚球区。侯老双手把球托到胸前，比试了一下，怕力量不够投不出去，马季提醒：“老师，您两手‘端’着使点劲，往上扔。”观众席里也喊：“侯大师扔，您能扔进去！”侯大师果然不负众望，面对篮筐双手一抛，球碰篮板跳进筐里。全场起立欢呼，哨声响起，比赛结束。

事后，据长安街露天灯光球场詹场长说，这场篮球友谊赛影响极大，之后市里一些行业的篮球联赛都申请在这里举行。过去只有周六、周日才有比赛，现在天天有比赛，日程安排得忙不过来。

回忆半个多世纪前的这段难忘的往事，我心生感慨。侯宝林、马季、谢添、崔嵬这些大师生前创作表演的相声、电影，充分体现了党的文艺方针，而且，他们也积极参加体育活动，成为党的体育方针的传播者。今天改革开放形势如此好，为文艺界、体育界发挥应有的作用提供了广阔空间，相信他们一定会传播更大的正能量。

告　别

祝你们鹏程万里

——致应届毕业生

亲爱的同学们：

你们就要离别母校，走向生活了。

我们全院共青团员和青年同学向你们表示衷心的祝贺。

祝贺你们，以革命为业，四海为家；以艰苦为荣，斗争为乐。坚决响应党的召唤，无条件地服从组织分配，到祖国最需要的地方去，到最艰苦的地方去，到基层去，到边疆去，到前线去。像一颗颗红色的种子，扎下深根，长成风吹不倒、虫蛀不烂的常青松柏！

祝贺你们，到了新的战斗岗位上，干那行，爱那行，专那行。用青春的彩笔，为光荣伟大的祖国，为世界革命的未来，描绘下最新最美的图画。让真理的声音、革命的号角，驾上红色的电波，传过九百六十万平方公里的土地，传到全世界革命人民的心坎里。

四年来，你们听党的话，力求上进，发愤读书，积极劳动，艰苦朴素，团结友爱，给我们留下了难忘的印象。毕业前夕，你们响应祖国的召唤，拣重担子挑，越是困难的地方，越是争着要去，给我们树立了榜样。我们要向你们学习，向你们看齐。

四年来，在党的阳光照耀下，在伟大领袖毛主席的身边，咱们一起学习，一起劳动，并肩战斗，在又红又专的大道上，手挽着手，大踏步地前进！共同的理想，共同的事业，四年的相处，四年的生活，咱们结下了深厚的阶级情谊。在这临别之际，我们紧紧握住你们的手，满腹的话儿涌上心头。从今后，尽管咱们分别了，你们有的在世界屋脊，有的在天山脚下，有的在海防前线，有的在黑龙江边，但是咱们的一颗颗红心向着党，向着毛主席。在社会主义的大家庭里，咱们的心紧紧相连，按着同一个脉搏跳动。

让我们向雷锋同志学习，学习雷锋同志平凡而伟大的共产主义精神，反反复复地读毛主席的书，老老实实地听毛主席的话，时时刻刻按毛主席的指示办事，一心一意做毛主席的好学生！做一个革命到底、永不褪色的无产阶级战士！

祝你们

一路平安　　鹏程万里

北京广播学院

团委会学生会

1963 年 7 月 29 日

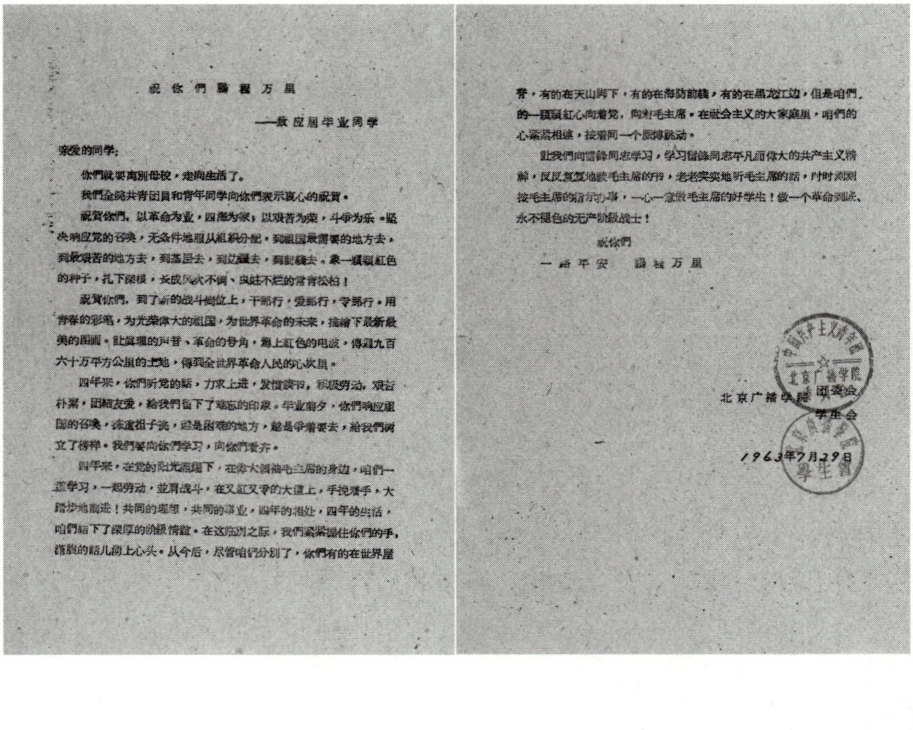

祝你們鵬程万里

——致应届毕业同学

亲爱的同学：

你們就要离别母校，走向生活了。

我們全院共青团員和青年同学向你們表示衷心的祝賀。

祝賀你們，以革命为业，四海为家，以艰苦为荣，斗争为乐。坚决响应党的召唤，无条件地服从組織分配，到祖国最需要的地方去，到最艰苦的地方去，到基层去，到边疆去，到前綫去。象一顆顆紅色的种子，扎下深根，长成风吹不倒、虫蛀不烂的常青松柏！

祝賀你們，到了新的战斗崗位上，干那行，爱那行，专那行。用青春的彩笔，为光荣伟大的祖国，为世界革命的未来，描繪下最新最美的图画。让真理的声音、革命的号角，駕上紅色的电波，傳遍九百六十万平方公里的土地，傳到全世界革命人民的心坎里。

四年来，你們听党的話，力求上进，发愤讀书，积极劳动，艰苦朴素，团結友爱，給我們留下了难忘的印象。毕业前夕，你們响应祖国的召唤，挑重担子挑，越是困难的地方，越是爭着要去，給我們树立了榜样。我們要向你們学习，向你們看齐。

四年来，在党的阳光照耀下，在伟大領袖毛主席的身边，咱們一道学习，一起劳动，並肩战斗，在又紅又专的大道上，手挽着手，大踏步地前进！共同的理想，共同的事业，四年的相处，四年的生活，咱們結下了深厚的阶級情誼。在这临別之际，我們紧紧握住你們的手，满腹的話儿涌上心头。从今后，尽管咱們分别了，你們有的在世界屋脊，有的在天山脚下，有的在海防前綫，有的在黑龙江边，但是咱們的一顆顆紅心向着党，向着毛主席。在社会主义的大家庭里，咱們的心紧紧相連，按着同一个脉搏跳动。

让我們向雷鋒同志学习，学习雷鋒同志平凡而伟大的共产主义精神，反反复复地读毛主席的书，老老实实地听毛主席的話，时时刻刻按毛主席的指示办事，一心一意做毛主席的好学生！做一个革命到底、永不褪色的无产阶級战士！

祝你們

一路平安　鵬程万里

北京广播学院　团委会

学生会

1963年7月29日

毕业歌

北京广播学院新闻系59级诗歌朗诵编导小组

序　歌

（悠扬的《东方红》乐曲）

男：钟声
唤醒了黎明；
朝霞
染红了天空。
女：看啊！
一群海燕
展翅高飞；
一批战士
踏上万里征程！
合：我们——
广播战线上的新兵，
走向南方，
走向北方，
奔向前线，
奔向边疆。

女：再见啦！

合：我们的母校，

我们的老师。

男：再见啦！

合：我们的同学，

我们的弟兄。

女：泪水啊，

你不要遮住眼睛；

心房啊，

你不要激烈地跳动。

让我们再好好地，

好好地

看看母校吧，

让我们牢牢记下，

这分别时刻的情景。

男：让我们手挽着手，

在校园里做最后的一次散步吧！

让我们细细地回顾

四年来走过的征程……

回　顾

（回忆、抒情的音乐）

女：四度蜡梅开，

四次桃花放，

四年的光阴转眼过，

多少话儿涌心上。

男:四年前,

正当高粱红啊,

正当桂花香,

我们这群年轻人,

来到毛主席身旁。

他带着长白山松脂的清香,

他带着洱海边茶花的芬芳,

他穿着耕天播雨的山岗子鞋,

他披着逐波赶浪的渔家衣裳。

合:牢记着乡亲们的嘱咐,

心怀着为党献身的愿望,

我们来到北京,

走进大学课堂。

男:在这里,

我们翻开红色的广播史册。

(幕后音:女声)

延安新华广播电台,

XNCR

波长 51.7 米。

(以上重复一遍)

男:1945 年 9 月 5 日,

大炮隆隆,

枪弹锁天,

我们的广播,诞生在

延安的清凉山。

从那一天起，
山沟的窑洞，
变成了“漫漫黑夜中的灯塔”；
从那一天起，
光荣的前辈，
在战争的炮火里，
把这锋利的钢刀，
千锤百炼！
合：今天，
我们接过这武器，
跟着党
继续奋战。
女：四次杨柳绿
四次麦子黄，
四个春天，
老师洒下辛勤的汗水；
四个秋天，
成绩册上硕果辉煌。
多少个黎明，
我们捧着毛主席著作，
心中升起红太阳；
多少个夜晚，
我们睁大感激的眼睛，
注视着教研室不熄的灯光。
多少汗水，

洒在公社肥沃的田野里；
多少歌声，
飞扬在友谊的集会上。

男：四次红旗飘，
四次礼炮响，
四次涌向天安门，
毛主席向我们把手扬。

（甲）：过去我是放羊娃，
塞北草原度风霜，
今天来到天安门，
挥舞鲜花把歌唱。

（乙）：过去我是童养媳，
离别爹娘哭断肠，
今天看到了毛主席，
载歌载舞心花放。

合：千条河啊万条江，
哪有党的恩情长！
千支曲啊万支歌，
献给毛主席，
献给党。

展　望

女：天边啊，
红旗漫卷。
祖国啊，
把儿女召唤。

我们背起行装，

奔向前线，

我们的脚步

要踏遍祖国的万水千山。

男：从江南的鱼米之乡，

到塞北辽阔的草原；

从塔里木河潺潺的流水，

到兴安岭积雪的峰巅，

每一个山村，

都是我亲爱的故乡；

每一座小城，

我都愿把爱情奉献。

男合：每一个同志，

都是我最亲的兄弟。

女合：每一个季节，

都是最明媚的春天！

男：英雄前辈啊，

把录音机和话筒交给我吧，

合：我们接班！

女：把摄影机和水银灯交给我吧，

合：我们接班！

男：让长江那万里波涛，

在我们的磁带上飞腾吧！

让祖国大跃进的骏马，

在我们的电波里四蹄生风，

让“人民公社好”的歌声，
响彻五湖四海；
让飞驰的社会主义列车，
留下隆隆的响声……

女：让炼钢炉前的红旗手，
让采摘新茶的巧姑娘，
让澜沧江上的船老大，
让兴安岭里的伐木工，
让这些为共产主义大厦
添砖加瓦的人们，

合：都映进时代的荧光屏。

男：不要说我们的工作太平凡，
一滴水呀，
流到大海里，
永远不会枯干。
要知道，我们的每一个“产品”，

合：都是一分光、一度电，
一首鼓舞人民的歌，
一颗投向敌人的炸弹。

女：在拉丁美洲繁茂的丛林里，
有多少树皮搭成的草棚，
游击队员手握着枪杆，
静静地倾听着北京的歌声。

男：在非洲那黑暗的大陆上，
有多少双期待的眼睛，

他们渴望得到真理的密电码，

去踢开殖民主义那罪恶的牢笼！

女合：从炮火燃烧的越南南方，

到樱花烂漫的富士山；

男合：从波涛澎湃的亚得里亚海，

到红旗漫卷的吉隆滩，

女：二十七亿双眼睛啊，

在向北京热情地瞩望；

二十七亿弟兄啊，

和我们心心相连！

男：让我们那高耸入云的铁塔，

发射出世界上的最强音；

让红色的电波，

载着真理的火把。

女：让马克思列宁主义，

这最强大的东风，

合：越过高山！越过海洋！

男：让毛泽东思想的光辉，

照亮地球上的

合：每一座城镇、每一个村庄！

女：让世界革命的号角，

更嘹亮地吹响吧！

让共产主义的红旗，

在七大洲的天空上飘扬！

男：多好啊，

战斗的生活！
多好啊，
我们的理想！
我们的眼睛里，
映照着共产主义的曙光；
我们的胸膛里，
激荡着千里东风、
万里海浪。
历史，
把千斤重担放在我们肩上，
我们要练就一副钢铁的肩膀。
女：今天，
我们从天安门出发；
明天，
一个新的世界，
要在我们手下开创！
男：今天，
党给了我们一分光荣；
合：明天，
我们要把一千倍的劳动，
献给祖国，
献给党！

告　别

女：号角已经吹响，
战士一齐出征，

告别母校回头望啊，
老师、同学来送行。
再见了，敬爱的老师。
合：敬爱的老师，再见了！
女：我们忘不了您殷切的期望，
忘不了这临别的叮咛，
忘不了作业本上
您批改的一字一句，
忘不了联欢会上
您爽朗的笑声。
虽然深夜的灯光，
染白了您的鬓发，
可是您朝气蓬勃——
像我们一样年轻！
祝福您啊，老师！
愿您学问深似海，
愿您青春胜苍松，
愿您为了党的事业
把身体保重。
合：保重！保重！
男：号角已经吹响，
战士一齐出征，
告别母校回头望啊，
老师、同学来送行。
再见了，亲爱的同学。

合:亲爱的同学,再见了!

男:几年的相处,
我们情长似姐妹,
我们亲密如弟兄。
忘不了天安门前齐歌舞,
狂欢之夜焰火红。
忘不了支援古巴大游行,
愤怒的吼声震长空。
忘不了啊,忘不了,
你我同唱一支歌,
朝夕相处情意重。
临别赠送两句话:

合:一颗红心献给党,
又红又专学雷锋。

男:看啊!
大海捧出了旭日,
早霞擦亮了天空,
战士们高歌前进了,
长安街上一片脚步声。

女:脚步声啊!脚步声,
何惧关山千万重。
五湖四海处处好,
走遍天涯为革命。
脚步声啊!脚步声,
声声伴着朝阳红。

离开首都千万里，

合：母校永远在心中。

女合：再见！

男：老师，

同学们，

合：（招手）再见！

再见！

1963年6月6日，编导小组成立。成员有：张其博、李德文、曹仁义、刘存志、肖璜、白谦诚。

1963年7月16日，《毕业歌》完稿。

1963年7月27日，《毕业歌》在欢送会上演出，肖璜、高蕴瑛领诵。

59级新闻系同学在中央人民广播电台表演毕业诗朗诵

告别母校的日子

——日记加回忆

白谦诚

1963年春节过后，我进入大四下学期。一开学，学校就组织我们进行毕业实习，我和十几位同学在苑子熙和曹璐两位老师的率领下，在上海人民广播电台和上海电视台实习了3个月。从上海实习回京，毕业的气氛越来越浓了。同学们忙于交毕业作业，写毕业论文，做毕业鉴定。我提交了一篇题为《论典型音响》的论文。毕业作业则是我在实习期间采制的录音报道——《黄浦江上的船老大》。新闻系举办了一个"毕业展览"，把同学们提交的毕业论文、毕业作业以及在报刊上发表的作品等展示出来。

给父亲的一封信

关于毕业分配问题，我决心到边疆去，到艰苦的地方去。为做好家里的思想工作，1963年5月31日，我给父亲写了封信。信中说：

> 我很快就要结束学生时代的生活了，从小学念到大学真是不容易啊！父母的血汗我是不会忘记的，而且今后一定要很好地报答。但是，更应该感谢的是共产党和毛主席。没有党，我们穷人翻不了身。过去我们家很穷，我爷爷给地主扛活，爸爸念了三次书才念了一年半，可是今天呢，由于我们翻了身，由于有党的培养和国家的补助，我和哥哥都读完了大学，这是旧社会的人做梦也想不到

的。因此，我们首先要感谢党，感谢毛主席，党让我到哪儿工作，我就到哪儿去。今天的青年，只有听党的话，才是最有出息的。因此，我自愿到边疆去工作，因为边疆正在大力建设，最缺人才。今天的边疆不像过去，建设得很美，生活条件和内地差不多，只是稍微远一点，但是现在交通方便，困难也不会太大。工作以后，每年有探亲假，还可以回家探望您和弟弟妹妹们，至于奉养您和抚养弟妹就更不用您操心了。这些，我都和哥哥商量好了，他完全同意我的做法，我们两个一定负责教养弟妹长大成人，并使您度过幸福的晚年。

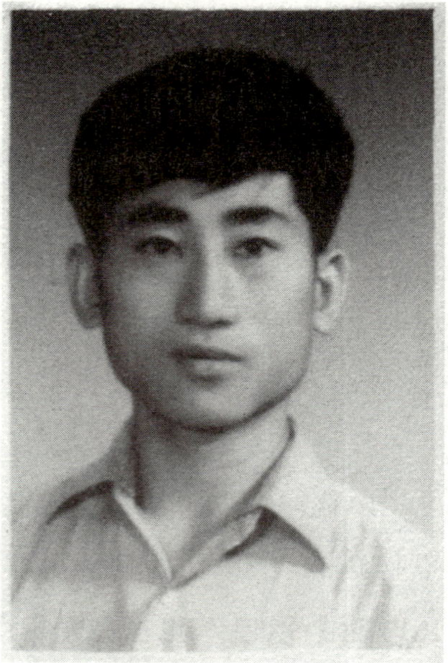

白谦诚

6月25日，我收到父亲的回信，他支持我对毕业分配的想法。他在信中说："服从国家分配是对的，吾也同意。不论分配到什么地方，对党交给的任务，都要认真负责，按时和提前完成才对，不要到工作岗位上马马虎虎的，对于国家财产要注意保护，不要损失一分钱。"

五名共青团员的决心书

7月12日，我和孟昭琴、肖保航、张雨生、曹登松联名向党组织递交了一份决心书。此决心书由我执笔，曾在学院广播站广播过。决心书中写道：

亲爱的党组织：

我们五个共青团员，五颗火热的心，向您请求：派我们到西藏、新疆、宁夏、贵州等最艰苦的地方去！

我们五个人出身的家庭不同，但我们都是在党的一手培养下成长起来的；我们五个人条件不同，但都有一颗献身党的事业的红心；我们中有南方人，有北方人，但我们都热爱祖国的边疆，愿意为边疆的建设贡献自己的一分力量。

亲爱的党，我们已经做好了去边疆的准备，我们立志像惠嫂那样，在边疆扎根、开花、结果，在边疆干一辈子。我们对待毕业分配的态度是：党指向哪里，我们就奔向哪里；党让我们干什么，我们就干什么！在这个前提下，我们请求党派我们到边疆去。

听周总理的报告

7月22日，首都63届大学毕业生在人民大会堂听了周恩来总理的报告，我现场作了笔记。1979年北京广播学院20周年校庆时，出了专刊，刊登了我回忆周总理报告的文章，现摘抄于后。

终生难忘的教诲

——回忆周总理对63届大学毕业生的讲话

在我大学时代的日记本里，端端正正地贴着一张淡绿色的请柬，上面印着醒目的红字："北京市高等院校应届毕业生报告会。报告人：周恩来同志"。每当我看到这张珍贵的请柬，幸福的回忆就会张开翅膀，把我带到16年前那个难忘的夜晚……

大学毕业了，我们这些即将走向社会的青年，每天都生活在欢

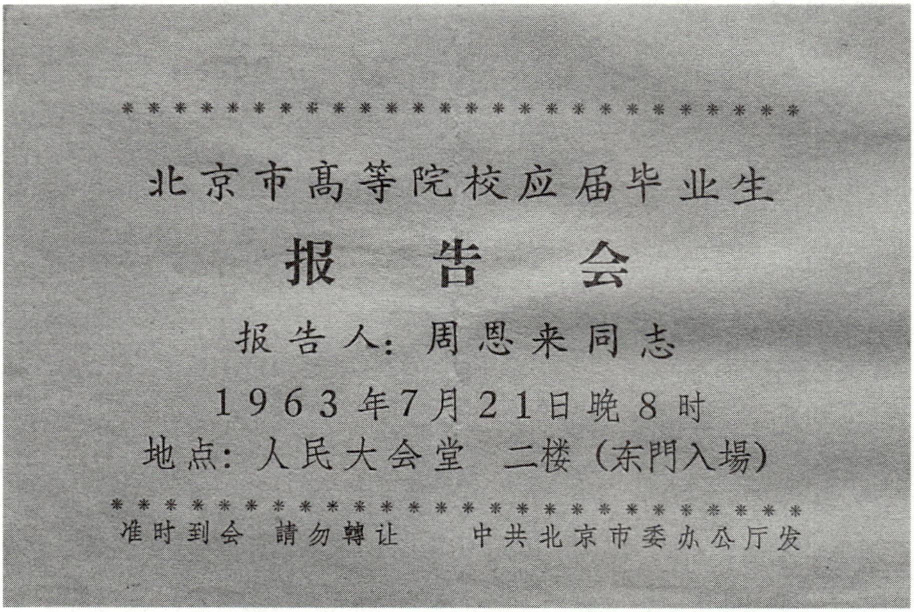

北京市高等院校应届毕业生

报告会

报告人：周恩来同志

1963年7月21日晚8时

地点：人民大会堂　二楼（东門入場）

准时到会　請勿轉让　　中共北京市委办公厅发

报告会请柬

（注：报告会原定21日，后改为22日）

乐和激动的旋涡中。十几年来，党和人民把我们从无知的孩子，培养成人民的大学生。今天，我们就要奔赴祖国需要的地方，投身社会主义建设的洪流，用学到的本领为人民服务了，我们的心情怎能平静呢？

正在这时，我们收到了请柬。同学们一看请柬上报告人的姓名，立即欢呼雀跃起来。“周总理要给我们作报告啦！”喜讯像春风一样吹遍了校园，大家都计算着时间，盼望着这个幸福的时刻早些到来。

7月22日晚上7点钟，我们乘着大轿车，唱着歌，来到灯火辉煌的人民大会堂。8点整，敬爱的周总理在其他领导同志的陪同下，步入主席台。全场爆发出雷鸣般的掌声。总理身穿白色短袖衬衫，神采奕奕，满面笑容，亲切地向大家招手致意，然后，坐下来做报告。

周总理首先从党的教育方针讲起。周总理说："毛主席在《关于正确处理人民内部矛盾的问题》中，提出了我们党的教育方针：'应该使受教育者在德育、智育、体育几方面都得到发展，成为有社会主义觉悟的有文化的劳动者。'我们的教育方针，不论在大、中、小学，不论工农商学兵，不论城乡，都要使受教育者受到德、智、体三方面的教育。"

接着，周总理从德、智、体三个方面，精辟地阐明了毛主席的教育方针。

周总理教导我们要树立四个观点，即阶级观点、劳动观点、革命观点、集体观点。周总理勉励我们向雷锋同志学习，公而忘私，奋不顾身。

周总理要求我们树立学习观点。他引用了两句古语：人非生而知之，而是学而知之；学然后知不足。

周总理指出，健康的第一要素是锻炼。健康的身体不是在温室中可以锻炼出来的。青年人要敢于吃苦，要有坚强的意志、旺盛的精力。周总理要求学校进行普遍的生理卫生教育，还嘱咐我们晚婚和节育。

最后，周总理要求我们服从分配，过好五关：思想关、政治关、社会关、亲属关、生活关。周总理还勉励毕业生到边疆去，以四海为家。

静静的大厅里，回荡着周总理亲切的话音和爽朗的笑声。总理的讲话是那样深刻、透彻，又那样通俗、风趣。我们贪婪地听着、拼命地记着，恨不得把总理讲的每一句话、每一个字都记在本子上、刻在脑海中……

16年过去了。今天，当我翻开当年的日记时，周总理那慈祥的面容又浮现在眼前，周总理那洪亮的声音又回响在耳畔。愿我们大家——已毕业的和在校学习的校友们，永远铭记周总理的亲切教诲，继续从德、智、体三方面刻苦磨炼自己，为实现四个现代化、为发展人民广播事业，贡献自己的一切智慧和力量！

（《北京广播学院校庆专刊》1979 年 9 月 7 日）

临别赠言

毕业分配尘埃落定之后，同学们在分手之际，纷纷在笔记本上互相赠言。我的日记本上留下了 26 位同学的赠言，现抄录几则于后。

赠言一：任昭汀老师赠我

谦诚同志：

我们的心里，要放得下整个世界。愿你不懈地同我们共同的敌人斗争，时时刻刻把党的事业、人民的期望记在心上，把我们共同事业中的点点滴滴，都化为鼓舞、激励人民，打击、反对帝国主义和各国反动势力的力量！

任昭汀

1963 年 8 月 11 日

任昭汀老师（后改名为任远）1959 年从中国人民大学新闻系毕业后，被分配到北京广播学院任教。我们毕业这年暑假，他与教我们俄语的左佩霞老师结婚。任老师是我国最早研究电视的教授之一，我组建主持人委员会之后，聘请他为专家，并担任"金话筒"奖评委。多年来，他与我同住一个大院，彼此联系密切。2010 年 5 月，任老师病逝，我写了《怀念任远老师》一文，刊登在《主持人月刊》上。

与任远老师在"金话筒"奖评选会上的合影(摄于2003年)

赠言二:我赠朱光烈

给朱光烈

朱红本是君颜色,
光辉夺目照我心,
烈火熊熊热情高,
红心向党为革命,
心怀大志五大洲,
永撑红旗跟党走,
不断革命须到底,
变白为红遍全球。

朱光烈赠我

白谦诚同志：

四年来您赠给我最大的礼物，是您那勤奋努力、不断上进的革命精神对我的深刻影响。

相信您将坚持这个优良作风，取得巨大进步。

我表示追赶您，共同前进。

朱光烈

1963年8月11日

朱光烈是山东人，高个，长得白净、秀气，在学生会任个什么职。毕业分配时，中央组织部来挑人，选中了5个党员，其中就有康文久和朱光烈。后来，这5位同学由中央组织部分配给中央调查部(即今国家安全部)。那年秋天，我和几个分到中央电台的同学曾去西苑看望过他们。

“文革”后，朱光烈回母校北京广播学院新闻研究所做研究工作，主编过院刊，成了在新闻研究领域颇有影响的专家。

赠言三：我赠蒋咸康

送蒋咸康

凉秋八月送咸康，
祝兄一路踏朝阳，
永记要听党的话，
革命友谊莫要忘。

莫要忘啊，
南京路上迎晨光，
夜渡黄浦望月亮。

莫要忘啊，
钻研业务不怕苦，
夜阑更深倾心肠。
三月相处时间短，
革命友谊万年长。
前进路上兄领先，
小弟已把鞭高扬。

蒋咸康赠我

谦诚：

“人生是美丽的，就因为它有革命理想。没有理想，在人生的道路上就没有阳光，这样的人生就像死水一潭，是没有价值、没有意义的。”

让我们在伟大的革命理想鼓舞下，把青春献给祖国！这样，在回首往事的时候，我们才能毫无愧色地说：我没有虚度年华。

与你共勉。

你大学时代的同学、在沪实习的亲密同志　咸康

写于离别前夕北京广播学院灰楼

一九六三年八月十五日

我与蒋咸康没有同过班，但一起在上海实习。他于毕业前夕入党，因此我的赠言中有“前进路上兄领先”之句。毕业分配前，他与康文久等一起被

选入调查部。

新闻系 59 级编采专业部分同学在上海电台实习合影，第一排右三是本文作者

告别母校

1963 年 8 月 18 日

再见了！母校。

再见了！老师。

再见了！同学。

汽车开动了，我频频地挥手。我看见窗外，同学们招着手，眼睛里含着惜别的深情。张立功提着酒，钟瑞坤端着梨，这是准备为我送行的，可是来不及会餐了。老康、保航留恋地望着我远去，崔平说："你们还能见面，我再也见不着了。"

……

“黯然销魂者，唯别而已矣!”不过，我们这次别不是“惨别”，而是“壮别”。我们像一群雏鹰，刚刚展翅；像一群幼马，刚刚奔腾。我们前程万里，志在四方。我们为能给党做事而感到骄傲，因此，我们不是挥泪而别，而是含笑而别。

几天来，我们沉浸在惜别的气氛中。四载同窗，情深谊长。同学们相互留言纪念，千叮万嘱，赤心一片。多少难忘的清晨，多少不眠的夜晚，都一齐涌上心间。20多位老师和同学在我这个本子上留下了难忘的嘱咐和期待，这是师生的情谊、同窗的友爱。我一定永记不忘，并且身体力行，保证不辜负他们的期望。

母校永远在心中。

大学同学游北海公园时的合影(前排左起：程福林、白谦诚、徐万良；后排左起：许发、曾千户、章焜华、张清廉、李英杰。摄于1962年元旦)

珍藏了60年的信件与赠言

何印平

在入学60周年之际，感谢昔日同学再次筹备出版纪念文集，又一次为59级新闻系提供回望青春年华、美好岁月的机会。这本书看得见、摸得着且可长期珍藏，表达了这个群体的夙愿——不忘初心，志在千里。

北京广播学院创建那年，欣逢新中国成立十年大庆。莘莘学子从四面八方齐聚北京，不少人表达了对首都那景、那情、那物、那人的感受，充满了新奇憧憬和对未来大学生活的渴望。

十年大庆刚过，苏联撕协议、撤专家；西南边境上，印度乘机犯我领土。国内也面临异常严峻的形势，台湾国民党当局叫嚷“反攻大陆”，“浮夸风”、“共产风”、“反冒进”、“反右倾”、自然灾害、忍饥挨饿，接踵而来。

在新生的北京广播学院，全校上下同心同德、团结一致，以“踏平坎坷成大道，斗罢艰险又出发”的磅礴气势，不畏艰困，斗志昂扬，逆势而上，以战斗姿态迎接严峻的考验。

在激情燃烧的岁月，同窗之间的团结友爱、互相扶持、互相帮助、互相学习、互相激励，集中反映在毕业前夕的实习生活和毕业赠言中。以下内容均来自我个人收藏的50多年前的信件和赠言。捧出多年珍藏与同学们分享，不失为一件人生乐事。

毕业实习信件

1959年我考入北京广播学院。入学之初，我被分在新闻系编采4班，重新分班后被编入编采3班。毕业前所有同学会分成不同的组，到各地新闻单位实习。当时各地实习组的来往信件，由各课任老师通过巡视方式上传下达。班级党团组织根据院系领导对实习工作的指导意见和要求，积极进行具体布置、落实。同学们相处几年，建立起了深厚的感情，实习期间，大家想念彼此，因此书信往来不断。我在校期间任班党小组成员、团支部书记，毕业前先在中央台《新闻和报纸摘要》节目实习，后在驻天津市河北省台实习，任天津实习组带队人。在实习期间，我和很多同学都有书信联系，我把这些信件保留到现在，还时常拿出来翻看。信件中的主要交流内容如下：反映各地实习进展；同学们在编采业务教学内容和电台工作实践相结合过程中的体验、感受；同学们当时的思想状态，这也体现了同窗之间的深情厚谊。在不少信的结尾部分有对收信人的委托，几乎都是以指名道姓的方式请收信人向一系列老师和同学致以热情的问候。字里行间承载着师生和同学间的真挚情感。

由于篇幅所限，现摘编部分来信。

热爱北京　热爱祖国

"离开北京3个多月了，但我的心和北京靠得更近了。我爱恋着她，她的一草一木、一街一巷是那样地使我怀念着。""北京是我获得热量和力量的永恒源泉。""热爱首都，好好工作。"

——郑清云1963年1月24日从天津台来信

"我为祖国光辉的历程感到骄傲，也为自己能在祖国生活感到无限幸福。"

——罗建飞1963年2月27日从河南台来信

向雷锋学习

在一次班会上，梁一高学友首先提出向雷锋学习。毛主席的“向雷锋同志学习”的题词一公布，全班迅速掀起向雷锋学习的热潮。“永远不能忘记院系领导的谆谆告诫，争取更上一层楼”“雷锋是我们的榜样”“我要做个永不生锈的螺丝钉，为党的事业奋斗终生”。

——罗建飞 1963 年 3 月 25 日从湖北台来信

响应毛主席号召“向雷锋同志学习”。“听党的话，认真学毛主席著作，活学活用，理论联系实际，真正做个共产主义者。”

——朱英 1963 年 3 月 10 日从长春台来信

重视专业学习

“这是我学习俄文、泰文的好机会。”［见到《人民日报》1963 年 3 月 2 日刊登的《列宁主义和修正主义》等 5 篇“反修”文章，要求我（本文作者何印平）在北京为她（罗建飞）代买这 5 篇文章的俄文、泰文版本］

——罗建飞 1963 年 3 月 4 日从河南台来信

重视思想政治工作

“老 X 给我来了封信，没谈什么东西，估计他是因为家庭的问题有压力，你应该注意这些。”

——班长王根旺 1963 年 4 月 16 日从辽宁台来信

“您和老张（学生会主席张效炎）、相臣（刘相臣）等同学的来信都给了我很大力量。从此，再也不被那些个人包袱压着了，有了前进的勇气。”“无论实习还是毕业分配，我都不会把自己的兴趣放在祖国需要之上。”

——费守阳 1963 年 3 月 31 日从齐齐哈尔台来信

“我一定听领导的话，加紧思想改造，争取做一个名副其实的共青团员。”

——韦坤南 1963 年 3 月 13 日从无锡台来信

关心同学疾苦

“郭东义的困难……比较特殊，如果确实无法解决，可跟王(心荣)老师谈谈，不能让同学都背着负担。”

——王根旺 1963 年 4 月 16 日从辽宁台来信

注重党团组织建设

“拜托张保安老师带上此信，内有‘入党申请书’及‘思想汇报’各一份，请查收。”“得知总支批准自己的入团申请后，想尽快向组织倾诉激动的心情。”“一定要再接再厉，争取早日加入伟大的中国共产党。”

——杨春桓 1963 年 4 月 2 日从武汉台来信

临别赠言

20 世纪 60 年代，学校里开始流行用贺年卡片来庆祝新年，我珍藏了一部分同学之间相互赠送的贺年卡片，卡片上的日期多集中在 1963 年元旦前后，贺年卡片上的用语除“新年快乐”外，多为共勉、祝愿、鼓励、告诫、希望、期待等话语。

1963 年毕业前，同学们即将奔赴五湖四海，四年同窗之情化为一句句鼓励与祝福的话语，写在日记本上，也印在每个人的心里，我一直珍藏至今，每每看见，都会想起我们当年的意气风发和雄心壮志。

愿你成为一个模范的布尔什维克。(蒋咸康)

预祝你在新的一年里获得更大的成就。(刘相臣)

天天向上，新年快乐。(邓法奇)

我希望在新的一年，能从你身上学到更多的东西。(杨茂森)

尊敬总是要付出的。(韦坤南)

多发光和热，照亮后来人。(王建国)

共产主义者，永远不自满。飞过九重天，天外还有天。（韩军）

千里之行，始于足下。印平登高，起于钻研。（居山鸟）

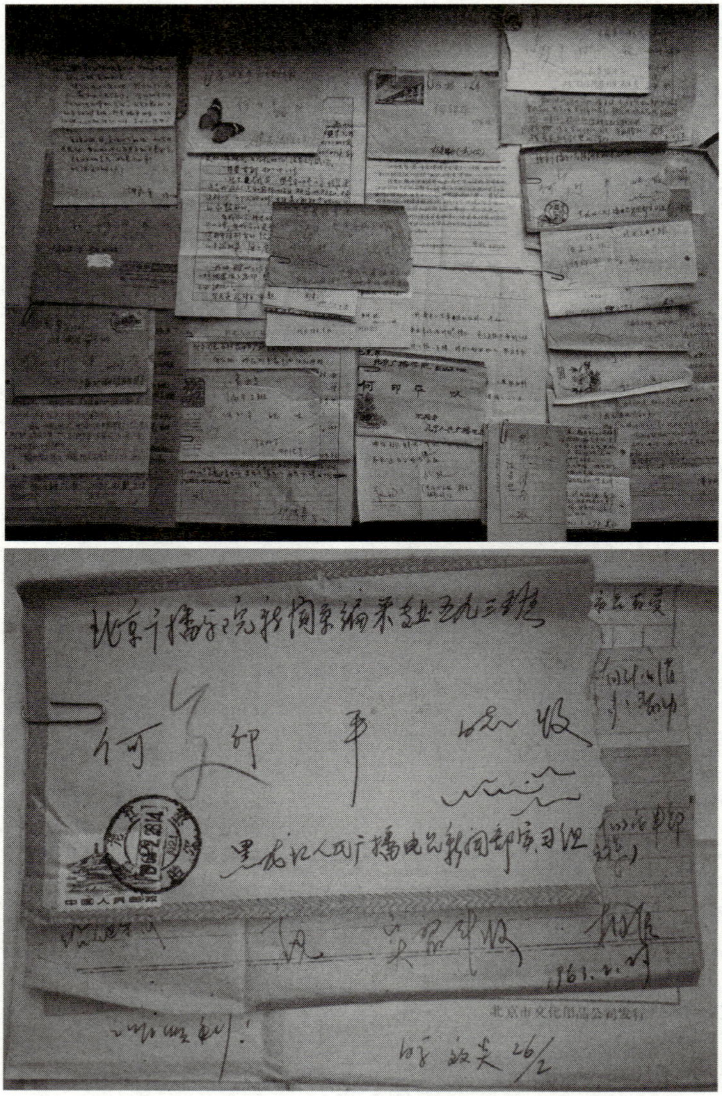

作者珍藏的同学信件和赠言

怀　念

老师教我一首歌

王梅云

1959 年，我从河南省一个小城市考入北京广播学院(现中国传媒大学)新闻系。因为我们是学校招收的新闻系第一届学生，所以被人戏称为“黄埔一期”学员。当时的学院不像如今的中国传媒大学这样出名，办学条件也远不如现在好。不过值得庆幸和自豪的是，我在这里遇到了一批很好很好的老师。能记住姓名的有左荧、康荫、温济泽、邹晓青、张纪明、武子芳、姜宇晖、王心荣、曹璐、赵玉明……直到如今，这一个个鲜活的面容仍清晰地印在我的脑海，一句句谆谆教导仍被牢记心头。他们当中有的具有系统的新闻理论知识，有的具有丰富的广播宣传实践经验，有的还是我国人民广播事业的创始人。在四年的学习生涯中，老师既向我们传道、授业，还为我们解惑。传的是如何树立正确的人生观、价值观之道，授的是新闻报道之业，解的是青年成长过程中的迷茫和困惑。在我看来，老师们是在用不同的音符谱写一首和谐而壮美的歌。歌的主旋律是正直、善良、坚韧、向上。我管它叫《蜡炬之歌》。因为它照亮了我们成长的道路，而老师们却为它付出了对学生的关爱、对教育事业的忠诚和自己的青春年华。多少年来，这首歌始终温暖着我、鼓舞着我、指引着我。我愿意选取其中的几个音符与大家分享。

大概在入学的第二年，我们到十二号农场劳动。曹璐老师领着我们几个同学饲养小鸡小鸭。曹老师和我们一起清鸡粪，一起值夜班，可谓朝夕相处、无话不谈。听说我家庭出身不好，她怕我背包袱，就一次次地和我谈心。她说：“出身好也罢，不好也罢，谁也不能靠家庭背景过一辈子。人生的路必须靠自己一步步走。”我从曹老师的目光中看出了信任，从她的柔声细语中悟出了人生哲理。她用善良点燃了我心中的希望之光。以后每当我灰心、迷茫的时候，都是这亮光给我前行的力量。

王心荣老师是我们的班主任。别看他身材魁梧、走路也保持着军人的威武，做起思想工作来可是细致入微。布置每一项工作时，从他嘴里说出的从来不是“指示”，更不是“命令”，而是“咱们研究个事儿”。就连哪个同学的粮票不够、宿舍里床铺怎样安排，都在他的“研究”之列。在这一次次的“研究”中，他那些看来不经意的点拨渐渐把“先公后私，先人后己”“把困难留给自己，把方便让给别人”这些美德融进了我们的性格中，成为我们终生的行为规范。如果说“性格决定命运”有一定道理的话，那么我在那个时期逐步养成的“豁达包容”的性格的确让我受益匪浅。

广播业务教研室的几位老师除了在课堂上教我们编辑广播节目、采写新闻稿件外，还把学院广播站变成了我们的实习基地，让同学们在编播实践中增长才干。老师们把这种活动当分内工作去做，而且做得十分认真。从对每个班编采力量的安排，到对节目质量的把关，老师们都付出了大量心血。为了让我们放手去干，在稿件播出前老师们并不审稿，而是在播出之后再为我们点评。这样，老师们就不得不放弃午休时间，认真收听每期节目。老师的良苦用心使参与办广播节目的同学们备受鼓舞。大家办节目很用心，不少节目都很有吸引力。每当午饭时喇叭里传出“学院广播站，现在开始广播”的声音的时候，人声鼎沸的食堂就会变得很安静，广播结束后也常会听到有人对节目内容津津乐道。据说那时我们学院的广播站是北京各大院校中办得最好的。我参加了广播站的编播工作，所以从中受益匪浅。连我那常带有河南乡音的普通话，也有了明显的提高，在之后的工作中也可以比较顺利地完成现场报道和节目主持任务。老师不仅管课内，还管课外；不仅对我们当时的学习成绩负责，还为我们以后的适应工作着想。这样的“授业”可谓做到了极致，怎能不令我们这些学子们骄傲和自豪！

为这首《蜡炬之歌》谱上最强音的，是德高望重的温济泽老师。他在“反右”斗争中受到了不公正的待遇，但他靠着对真理的坚持与追求，身处逆境时依然保持着百折不挠的坚强意志；靠着一个老共产党员对党、对社会、对人民的一片赤诚和对年轻一代的无限深情，以忘我的热情做好教育工作。他对要讲的每一节课，都认真做了准备。他上课时理论联系实际，旁征博引，讲得声情并茂。同学们提出的问题，他都能耐心地解答。他会认真批改我们的每篇作业并工整地写上评语。我至今仍保留着他为我批改过的一篇“广播业务讲座”作业。一篇不足1,800字的广播稿，温老师竟仔细地修改了19个地方，大到不恰当的提法，小到标点符号。

不管做官还是为民，不管顺境还是逆境，温老师始终坚持实事求是。毕业分配时，温老师受系里委托对每个人的情况进行调查。我当时报名去西藏工作，调查后他找我谈话时说：“经过了解，你的身体状况并不适合到高原地区工作，你为什么要向组织隐瞒真实情况呢？有到边疆工作的热情是好的，但是必须实事求是。如果你真的去了，到那里又适应不了，不是给组织添麻烦吗？”温老师的思想和工作作风由此可见一斑，对我影响很大。

1963年毕业分配时，由于毕业鉴定中有“希望进一步与家庭划清界限”的敏感评语，所以我所去的几个新闻单位都拒绝接收我。最后我被安置在房产管理局工作。我到老百姓家收过房费、在建筑工地当过力工。当时我和爱人两地分居，自己带孩子住在单身宿舍里。上班时可以把孩子送进托儿所，下班后就不得不把他背在身上以便腾出双手洗衣做饭……逆境中我在心里哼唱着老师教的《蜡炬之歌》，学着温老师忍辱负重的精神，始终尽心尽力地完成本职工作。受到肯定和表扬时，我明白，这实际上是对我的母校和老师的褒奖。1980年，党落实知识分子政策，我被调回了广播战线。我如饥似渴地工作，立志把被耽误的时间夺回来，先后被评为全国广播电视系统先进工作者和辽宁省新闻职业道德标兵。这是我学唱老师那首《蜡炬之歌》的初步收获。

回顾一生，我没有显赫的地位，也没有斐然的成就，平平凡凡。不过我没有在逆境中沉沦，也没有在顺境中懈怠，更没有做对不起母校、对不起老师和同学的事，内心平静而坦然。这是因为我心里始终回荡着老师教我的那首《蜡炬之歌》。今后这首歌还将继续陪伴我，直到永远。

20世纪60年代初，温济泽在北京广播学院课堂上的照片

广院与我的音乐情缘

胡妙德

源于对广播的喜爱，1959 年，我实现了高考的第一志愿——考上了北京广播学院。收到的录取通知书上，写着“在真武庙报到”。那时那刻，我的心就从上海飞向了那遥远的“庙”。终于，我有幸成为广播电视“黄埔一期”的学子，迈入真武庙的“灰楼”——北京广播学院。自此，我跟广播与音乐结下了终生的不解之缘。

了解到我比较喜欢音乐，在大一学期的一天，院团委书记要我筹建一支管弦乐队，还给了我一张支票，让我负责购置乐器。我找了几个同学，一起到西单乐器商店买了一批乐器，有小提琴、中提琴、手风琴、单簧管、小号、长号等。

有了乐器，接着又招了一批乐队队员，我们大多没有学过西洋乐器。那时候，学院的灰楼与“粉楼”——中央广播文工团驻地，离得较近。于是，我拿着学院的介绍信，找到广播管弦乐团的领导，请他们派几位老师辅导我们演奏乐器，这事得到了他们热情的支持。在老师手把手的教导下，我们的乐队队员很快便掌握了演奏乐器的基本技术，我也学会了吹奏单簧管。

在清晨，在黄昏，校园内乐声飞扬；宿舍里，灰楼顶层的阳台上，不时会出现乐队同学们勤学苦练乐器的身影。

从此，音乐把大家连接在一起。作为管弦乐队的队长和指挥，我带领大家排练合奏，逐渐积累了一批曲目，担负起了为学院交谊舞会伴奏、为学院参加国庆节游行助威等任务，还多次在专家楼（原址已改建为广电国际酒店）为外国专家和广播局的前辈们的舞会伴奏。在物质生活相当贫乏的三年困难时期，我们丰富和活跃了学院的文化娱乐生活。

当时，学院还成立了一支民乐队（另有舞蹈队、合唱队），记得我曾为民乐队创作了一首乐曲——《学院的早晨》，展现大学生迎着初升朝阳蓬勃成长的景象。

前几天，我的同班同学蒋咸康在电话叙旧时，为我哼唱其中的旋律，我记忆的闸门一下子打开了。连日来，我脑海里像过电影一样，浮现出当年在母校生活的一幕幕场景（本文即是有关这些碎片般尘封往事与点滴感悟的随笔）。实在佩服老友的惊人记忆力！50多年过去了，这个旋律连原作者都想不起来了。

说到演出，记得有一天，我与院领导袁方和中央广播合唱团的著名指挥聂中明坐在一起。袁方把我介绍给聂中明，让他收我做徒弟。之后，我经常去聂老师那里向他讨教音乐知识，还抽空观摩他的合唱排练。在广播管弦乐团，我也结交了一些朋友，在与他们的交谈中，学到许多在书本上学不到的知识。

后来，学院新闻系分班，我被分配在文艺编辑专业。当时电台的文艺广播编辑存在音乐、文学、曲艺等分工，文艺编辑专业的同学的特长也各有侧重：有的喜欢文学，有的喜欢戏曲，有的喜欢曲艺，而我则喜欢音乐。我们在各自喜爱的艺术领域勤奋学习，默默耕耘。

我们班上尤以文学才子居多，如肖璜（即于力）、蒋祖训（即蒋迅）、宋家玲、胡源等。有一天，我在课间回到宿舍，见肖璜一人孤零零地卧病在床，就顺手给他倒了杯开水。这不过是普通得不能再普通的小事，没想到事后他竟回赠我一首长长的诗。真是才思敏捷、情真意切、文笔洒脱啊！此情此景，至今仍历历在目。

毕业后，听说肖璜和蒋祖训不知何因，分配工作时竟然连广播电视台的大门都没能进去，真是令人唏嘘不已！改革开放后，他们创作了多部电影、电视剧，且在国内外屡获大奖。有道是“宜守不移之志，以成可大之功”“天生我材必有用”！真金是不会被泥沙永远埋没的。

在四年学习中，通过专业学习和在电台的实习，我磨炼了文艺广播的采编基本功，掌握了文艺广播的基本理论和基础知识，明确了一个文艺广播工作者的政治方向和社会职责，树立了为文艺广播事业奋斗终身的信念。

北京广播学院十分注重对学生能力的培养，诸如社会实践能力、理论思辨能力、艺术鉴赏能力（以文学赏析为最）、专业操作能力（广院毕业生的一个优点是在工作岗位上上手快）、自学研究能力等。

在学院当时设立的众多课程中，我从哲学（包括历史唯物主义、辩证唯物主义、政治经济学）与文学（包括语法、修辞、逻辑、写作、古典文学、现代文学、外国文学）这两类课中获益最大，打下了思想与文笔的基础。成为一个广播文艺工作者后，我认为，这是基础中的基础。

学院由于尚处于初创时期，难免存在不足之处，例如在学科的系统性、专业的先进性、教学的创新性、学理的深度与广度等方面。然而，现在回过头来看，当初学院教学中的一些基本内容，是不会随着时间的推移而改变的。

50多年来，我们的音乐广播日新月异，今非昔比。想当年，在我们的广播中，还没有音乐节目主持人、没有数字化信息传播技术、没有流行音乐，音乐广播的国际交流也处于封闭状态……随着广播事业的发展变化，新事物、新知识需要我在工作实践中通过自学自修不断充实，学无止境。

在广院四年的学习生活，一晃而过。为了汇报学习成果，学院为第一届学生的毕业作品举办了展览会。展览会上展出了我撰写的关于歌剧录音剪辑的毕业论文手稿（该文后被选登在当时的《广播业务》上）和我谱写的一首管弦乐曲的五线谱总谱。

我十分感谢曾经教过我的每一位老师！没有他们的辛勤教导就没有我的今天。

我深切怀念我们的音乐老师——姚牧。我是班里的音乐课代表。姚牧老师除了给全班上大课外，还利用休息时间在他家专门给我“开小灶”，传授音乐创作知识，还多次领我去中央乐团排练厅，观摩严良堃指挥排练姚牧老师创作的管弦乐曲和合唱曲。姚老师以北海为题材创作的无伴奏合唱意境优美，令人神往！对他的仙逝，我感到极其悲痛！

毕业后，我被分配到中央广播事业局对外音乐部，即后来的国际广播电台音乐部，从事音乐广播对国外的传播工作。在工作期间，我旁听了中央音乐学院的“和声作曲”课、“音乐作品分析”课以及郑小瑛的“指挥”课。

在工作后的业余时间，我曾担任对外部合唱团的指挥。在当年广播事业局各部门的合唱比赛中，对外部合唱团连连夺冠。记得那时对外部曾排练了一部歌舞剧，请中央广播管弦乐团协助伴奏，我担任指挥。在演出的前几天，由于劳累过度，我得了急性阑尾炎(送到医院时阑尾已穿孔，引发了腹膜炎，事后我才知道)，无奈错过了演出。正式演出时，广播局领导紧急请了广播管弦乐团的指挥救场。这成了我的终身憾事！

我心中的定位十分明确：我并不想成为一个音乐创作者，而是想成为一个音乐传播者。为此，我需要深入了解音乐。上述这些业余文艺活动以及业务进修，不仅增进了我对音乐的认知，还潜移默化地提升了我的文化素质、文艺修养和艺术感觉。这对我的本职工作以及之后在评奖工作中对文艺节目的鉴定大有助益。

在职期间，我先后采访了小泽征尔、李德伦、韩中杰、曹鹏、朱践耳、陈刚、何占豪、敏惠芬等国内外著名的音乐家，向国外听众讲述音乐背后的故事。多年的知识积累使我在这些采访工作中如鱼得水。

我想，艺术本是相通的，“广播和音乐是最好的兄弟”(梅益语)。在工作中，我对广播电视理论研究产生了浓厚的兴趣，先后发表了百余篇论文，其中《广播电视理论研究迈向新台阶》《信息技术与电视事业》《中国电视学理论体系的构建》《电视社会学导论》《电视主体意识论》《中国音乐广播的未来走向》《大潮后的思考——从流行音乐冲击波谈起》《雄关漫道真如铁——春节联欢晚会探踪》《喜剧小品的喜与忧》《对 MTV 的美学思考》《广播剧配乐的美学依据》等，部分论文获得过全国广播电视学术研究论文一等奖；出版了个人论文汇编《广播电视思辨录》，还参与主编了“当代中国广播电视台百卷丛书”和《中国当代广播电视文艺学》《中国荧屏第一人——沈力》《主持人技艺训练教程》等著作。

退休17年来，作为中国广播电视学会的专家组成员，我应邀参加了多个全国性广播电视文艺奖项的评奖与讲评活动，诸如中国广播文艺奖、中国广播影视大奖、金话筒奖、广播文艺专家奖、上海国际音乐节音乐节目主持人大赛、东方畅想全球华语广播创新节目擂台赛……这些活动延长了我的业务生命，老有所学、老有所用，我的这段晚年生活过得既充实又愉快。

近20年来，我对全国各台文艺广播（尤其是音乐广播）的创优工作尽心尽力，收听了各台报送的成千上万个参评节目，反复比较，从中寻找创作规律，将之提升为可操作的实用理论，用以指导音乐广播的创优实践，例如“理须直、导向三；质需分，合界定；作品立，本体彰；意在先，人为纲；重细节，务典型；求出新，辟蹊径……”，又如“作品是基础，题材是根本；感人先乎情，感己才感人；切入须巧妙，细节要典型；手段须充分，上品务求精……”。

面对广播界的同行时，讲评的要求是很高的，专业性很强，要能解决问题，说到点儿上。我们讲评的对象不是学生，而是在各台工作多年的业务骨干（包括高级编辑，甚至全台的首席编辑）、业务总监、专业台长。他们辛辛苦苦做出节目拿来参评，很想知道他们的节目好在哪里、不足在何处，兄弟台的节目又有哪些好做法、好经验，迫切希望通过参加这一创优活动提高自己台音乐节目的质量。为此，每次讲评前，我都认真、充分、不遗余力地做准备。讲评时，我并非就节目谈节目，而是试图与他们探讨音乐节目创作中一些带规律性的原理，结合每次参评节目中正反两方面的典型实例，从实践到理论，采用便于记忆的方式加以论述，力求切合大家业务工作的需要，因而比较受欢迎。说到底，文艺节目的创优不是为了评奖，而是为了提高日常节目的整体水准。为了带动音乐广播节目创优，树立这方面的样板，我还在几个大台带出若干创优骨干，以促进这些台的音乐广播节目不断勇攀高峰。比如北京音乐台，已经连续拿了11个一等奖。能取得如此成绩，实在不易！历年来，比起文学、戏曲、曲艺等广播节目，每年音乐广播的参评节目是最多的(仅专家奖就多达上百个),整体水平最高,竞争也最激烈,可谓人才济济、高手林立。这是事业繁荣的气象!看到我国音乐广播新人辈出、欣欣向荣,我感到由衷的高兴!

通过参加评奖工作,我积累了大量鲜活的第一手材料,完成了40余万字的专著《广播电视音乐学》。全书共13章。广播电视音乐学是研究广播电视音乐的传播活动及其规律的一门新兴学科 ,填补了广播电视理论领域的一个空白。

往事如烟,世事莫测。可以说,在我的人生道路上,母校是我冥冥之中的一块福地。如果不是那一年母校的招录,我的人生轨迹在这一叉道口上不知会拐向何方,我发自肺腑地感谢母校把我领入文艺广播的康庄大道,使我有能力承担自己肩负的职责和使命,毕生从事自己酷爱的这一事业,为之不辞劳苦并从中获得无尽乐趣。对我的人生来说,难道还有比这些更重要、更幸福的吗?

音乐广播人的愉悦

钟春森

在入学60周年之际，59级同学再次组织出版广院学友回忆录。感谢老同学邀请我撰写回忆文章，让我赶上了这趟车。

对于写文章，我确实有些犯怵，我仔细看过2014年出版的《永远的灰楼》，众多在北京和全国其他省市的学友经历了艰苦曲折的奋斗，取得了令我惊叹的成就，这都令我汗颜！我写什么呢？平平淡淡又顺风顺水的几十年职业生活，既无艰难的经历，又无满意的成绩，值得写吗？但转念一想，出版回忆录，不就是为了交流信息、沟通心灵、增加见闻、共图其乐吗？写写平淡人生中的小事乐事，不也很有意思吗？因此，我才想出了文章的题目——《音乐广播人的愉悦》，那就请众学友看看我这平淡生活中的小故事吧！

1959年8月20日，21岁的我，从江西赣南的全南县小慕乡山村，坐火车来到了北京广播学院。我那时的心情是一般同学难以想象的激动：作为第五代贫农的我，成了全家第一个大学生；三南（龙南、定南、全南三县）当年的高中毕业生中，只有我一人考上了北京的大学，"进京考状元"，了不得！当年在火车上写的话，就真实地记录了我的心情：

乘东风，列车飞驰，
上京城，前程似锦。
沸腾的热血啊，
激荡起澎湃的心潮；

美好的憧憬啊，
点燃这无穷的热情。
山里的孩子啊，
任重道远。
脚踏实地，扎牢本根，
牢记着——父辈的嘱托，
祖国的期盼，
奋发向前，接好革命班！

来到北京的第二天，我就急忙从灰楼坐无轨电车赶往天安门。我的天，那么大的广场，比我们村大得多！这么美丽繁华的首都，要是我的父母兄弟能一起来这里，该多好啊！

入学以后，因为我普通话不好，同学、老师都听不太懂我说的话，还要找人翻译，闹了不少笑话，落了个“ZCS”的外号，至今学友们还叫我“老 Z”。当年，还有别人闹笑话。比如，男生刘书兰入校时，被编入了女生宿舍，害得他半天找不到床住。

“黄埔第一期”的广院学友，个个纯真、活泼可爱，让人难以忘怀！经过四年的大学生活，大家有了更深入的了解。在编采班时，蒋咸康是我们组的小组长，我对此印象很深，班里同学还有陈文清、万福先、刘继瑛、高蕴英、钱燕茹、王淑晗、王雪梅、孙绣锦、蔡建中、杜成贵、王瑞年、王瑞堂、刘家肃、史宏新、黄进喜、刘相臣、谢荫达、张效炎、杨恒苹……在三年的文艺编辑专业学习时期，班里才子佳人如云，更是让人难忘：肖璜、蒋银迅、胡经、于秀锡、胡妙德、韩同熙、刘书兰、刘玉培、李大林、胡秉衡、宋家玲、曾千户、李安琪、祝桂英、贾延龄等，随着回忆，一张张美好可爱的笑脸，浮现在我的眼前！借此，我要特别感谢李安琪、刘玉培两位学友。我是个穷学生，拿学校的最高助学金，每月有 7.5 元供我吃喝用，连过冬的棉衣棉裤都是学校发的。日常生活中，他们及时对我伸出援手，连我的毕业照，都是向刘玉培借衣服解决的，此事让我一生难忘！

1963年7月毕业后，我被分配到了中央人民广播电台文艺部，直到1999年7月退休。在中央电台的30多年，我一直从事音乐广播工作。

1963年，刚度过三年困难时期，文艺开始复兴。那时，大型音乐舞蹈《东方红》，歌剧《江姐》《刘三姐》《洪湖赤卫队》等优秀作品不断涌现，其他少数民族优秀作品，也不断出现在我们的音乐广播中。形势很好，因此音乐编辑们个个意气风发，从全国各地采集作品。我也跟随音乐组组长王丹老师到各地采风，感受到音乐编播工作大有可为，只嫌自己才疏学浅。

可惜的是，好景不长，1966年6月"文化大革命"爆发，音乐文艺广播事业近乎停滞。广播中只有八首革命歌曲、八个"样板戏"，它们随着强大的电波，在万里山河海空中回荡！说实在的，当时我的心情是苦闷的。初试锋芒后刚有了能让我施展才华的机会，事业就烟消云散了，叫我如何消受?!

1966年10月，中央电台组成"三人红卫兵长征活动采访组"。文艺部派我参加，新闻部杨时光带队，再加上录音科的高洪廉，我们三人跟随"北航红卫兵长征队"出发。我们各背上60多斤的生活用品和一台录音机，从北京坐火车到江西瑞金(中间转车)。那种坐火车的场景，我第一次见识！上下火车都走窗户，车厢里没有一点儿空地，座席的每一个格子间，原本是坐6个人的，现在竟然有十几二十个人。有的乘客往坐了人的座位底下钻，有的横躺着，连厕所都挤满了人。谁要上，都得等人转身离开，真乃奇观！

第一站是江西瑞金，长征出发地。刚到时，带队的红卫兵必须对当地接待的红卫兵背诵"老三篇"(《为人民服务》《愚公移山》《纪念白求恩》)，否则会被认为是假冒的，不接待住宿。一路上都是如此。我们主要参观学习红军的革命斗争事迹和革命精神。我也是第一次到瑞金，心灵受到震撼。"吃水不忘挖井人"这七个字，可以代表当时我激动的心情！

第二站是江西大余钨锡矿山。我们下井参观了多个挖矿现场，也采访了一些矿工。他们谈了挖矿的艰难与危险，特别提到了很难治好的"矿肺病"。很多矿工得此病，常年喘不上气，许多人都活不过50岁！钨是照明和国防工业的重要材料，江西大余和全南县的大吉山这两处钨矿全国闻名，可惜现在都衰败了。我也是首次到矿井现场,开了眼界,长了见识。

到贵州后不久,红卫兵接到中央的通知:马上停止长征活动。我们离开了“北航红卫兵长征队”。杨时光、高洪廉二人回电台,我经文艺部领导同意,到重庆参观并看望老同学刘玉培。在他的带领下,我参观了白公馆、渣滓洞……反动派残暴得令人发指,而先烈们舍生忘死、艰苦卓绝的革命斗争精神扎根在我心里,滋润终生!

在这期间,中央电台还在黄金时段播出了一大批歌颂周总理的优秀音乐作品,诸如《周总理你在哪里?》《怀念周总理》等。说我在其中起了助推作用,也不为过,这与我当时的思想倾向有关。

1976年4月5日清明节,在天安门前成千上万的群众自发地举行悼念周总理的活动,我也冒险去了现场。那铺天盖地的花环像海,叫人热血沸腾!回去后不久,我情不自禁地写了首歌词——《四五精神永放光芒》:

我站在天安门广场,
仰望着纪念碑心潮澎湃。
这里有五四光荣传统,
这里有四五革命风浪,
啊广场,天安门广场,
你是英雄的广场,战斗的广场。
人民的意志在这里展现,
妖魔的丧钟在这里敲响。
你是美丽的广场,
光荣的广场,
报春的百花汇成了思潮,
战斗的红旗卷起了曙光。
长征的队伍从这里出发,
四五精神永放光芒!

这首歌词很快由作曲家韩夏谱成曲，由歌唱家李双江演唱。歌曲迅速在中央电台音乐节目中投入广播。

党的十一届三中全会以后，拨乱反正。随着改革开放的进行，音乐广播也逐步走向了复兴发展和繁荣昌盛。1980 年之后，音乐广播进入了大范围恢复和复兴的阶段。我所做的主要工作有两项。其一，恢复被“四人帮”封杀的优秀音乐作品，如前文提到的大型音乐作品，这些作品被迅速投入广播节目，令听众欣喜若狂。如歌剧《江姐》《刘三姐》一经播出，就有听众来信说：以为自己在做梦！看到了中华民族的希望！其二，挖掘创新革命传统作品。中音组派数人赴江西、山西革命老区组织改编乐曲的工作。我和同事到江西组织当地词曲作者改编了《八月桂花遍地开》《送郎当红军》《红米饭南瓜汤》等地方歌曲；山西组的同志也积极改编了《翻身道路》《绣金匾》等地方革命歌曲。迅速组织录音后，这些作品很快就投入了广播节目，受到广泛欢迎。

1990 年之后，音乐广播事业逐渐进入发展和繁荣的阶段。一大批电影电视歌曲异军突起，播出后广受欢迎。许多听众向我们索要歌曲资料，我“日夜兼程”，刻蜡版、印歌词，把资料发放给听众。但是需求越来越多，我们无法应对，于是我向负责音乐广播的康展副主任提出了办个广播歌曲期刊并广泛发行的想法，她立刻同意了，并亲自向广播出版社要了个刊号，将其定名为《广播歌选》。从 1981 年创刊到 2001 年停办，历经 20 年风雨，这本期刊对满足听众需求、促进音乐广播发展，起了很好的作用。我主管经营这本刊物，也达 18 年之久。

1982 年，由中央电台音乐组发起的“听众喜爱的十五首广播歌曲”评选活动在社会上和音乐界引起了轰动。几十万听众来信投票，我们难以及时处理，只好请求大楼的武警部支援。根据听众投票数的多少，我们选出了《祝酒歌》《妹妹找歌泪花流》《我们的生活充满阳光》《泉水叮咚响》《边疆的泉水清又纯》《太阳岛上》等歌曲，这些歌曲获得了“听众喜爱的十五首广播歌曲”的殊荣。这些歌曲，以民族音乐为基调，又有流行音乐的元素，令人耳目一新，广受好评和欢迎。我们的《广播歌选》为此发行活页专号，20多万份歌谱被一抢而空。但当时音乐机关的一些人却表示了强烈不满，认为它们是“靡靡之音”。可见，艺术上的“拨乱反正”也不容易。

1981年后，我曾先后任文艺部秘书、音乐组组长，从1985年6月起任文艺部副主任，主管中国音乐广播工作。这段工作期间，我负责发起组织了“全国听众喜爱的歌唱演员评选”“全国广播新歌征集评选”，以及“全国广播音乐集”“今日长征路”“可爱的中国”“少数民族音乐节目评选”等全国性的音乐活动。在推动音乐广播事业发展、促进社会音乐繁荣的工作中，我发挥了积极作用。在社会音乐事业发展过程中，有一段时间港台流行音乐成了主导，民族歌曲被冷落，音乐广播节目资源面临枯竭。因此我明确提出：“主动出击，开创我们的节目源。”上述列举的全国电台的种种活动就是这种思想的产物。其中以“全国广播新歌征集评选”活动最为突出，它从1986年开办，到1999年结束，经历了十几年的磨砺，有些经验是宝贵的。

这个征歌活动的宗旨是：颂扬中华正气，唱响民族新声。由中央广播电台牵头组织，全国电台系统参与这项活动。征歌活动有三点明确的要求。其一，作品须是有歌有声的成品，要词好、曲好、演唱好、录音效果好，才能入选。“四好”中的任何一项不好，都没有获奖的可能；其二，新歌的种类有三种：艺术歌曲、民族歌曲、通俗歌曲，形式不限；其三，尽可能发动各地著名的词曲作家和著名演员参加到我们的征歌活动中来，以提高新歌的水平和质量，扩大社会影响。评选程序是：先由各参评机构组织当地新歌评选，获奖的优秀作品送中央台参加总评，再由中央台对各台送选的优秀作品进行初评，选出数千首歌曲，组织在京专家进行终评，确定获奖歌曲。

我们这种有歌有声的全国性征歌活动见效快，在全国电台进行广播宣传，在社会上和音乐界产生了巨大的影响，也很快得到了中央台的肯定，中央台还设立了广播新歌征评的政府奖项，这让征歌档次和影响力大大提高。中央和各地电视台也从获奖歌曲中择优组织录像播出，进一步扩大新歌的影响力。如歌曲《常回家看看》原是山东威海电台录制的一首新歌。我到威海听到这首歌以后，叫他们马上送到中央台参评。总评时，有专家认为其低俗，不同意其获奖，我在会上坚持我的看法，最后这首歌只获了三等奖，但经中央电视台邀请陈红演唱播出后，一下子红遍了全国。其他的如《纤夫的爱》，总评时，也差点被“枪毙”，经我力争之后获奖，在全国传唱。

评奖说多了，无味、讨人嫌，不写了。2009 年 11 月，《广播歌选》主编周仁邀请我写一篇关于“音乐广播”的文章，供他新年首刊之用。我欣然接受。在文章的最后，我也写了首诗——《音乐广播乐无穷》，抄录于此，以结束《音乐广播人的愉悦》的回忆吧！

音乐广播天地宽，
投身福地靠机缘。
君若有幸登玉峰，
才华驰骋潇洒间。
事当艰辛多磨砺，
业精于勤常思变。
敢付真诚动神州，
广交知己乐经年。

怀念“肉孜大哥”

方馥生

回想我的成长之路时，一位维吾尔族老大哥高大、憨厚、幽默的形象，在我脑中闪现。他有一双炯炯有神的大眼睛，他面带微笑，依然深情地看着我。这位老大哥就是当年全国闻名的劳动模范、优秀共产党员、新疆维吾尔自治区吐鲁番县（今吐鲁番市）副县长兼五星公社社长、中央候补委员肉孜吐尔迪。由于在旧社会的悲惨遭遇，他积劳成疾，过早地离开了人世。他虽然离去十几年了，但是他的思想境界、他的精神风貌，都时时鼓舞着我、激励着我。每每想起他，我都会陷入深深的思念之中。

教我学维吾尔语

40 多年前，我在新疆人民广播电台从事记者工作。为了使记者略懂维吾尔族的日常生活用语、减少采访中的困难，1965 年底，新疆电台党委决定派四名年轻的汉族记者，下到南北疆农村，一边参加劳动，一边学习维吾尔语。我被派到吐鲁番县。元旦一过，我来到吐鲁番县委报到，宣传部部长把我领到县委书记李嘉玉的办公室。李书记向对面一位身材高大、身体壮实、面孔黑里透红、剃着光头的维吾尔族中年人介绍我，说：“肉孜大哥，这是自治区电台派来的方记者，到我们这儿来学习维吾尔语，我把他交给你了，由你负责安排。”这位被称为“肉孜大哥”的人就是肉孜吐尔迪。在吐鲁番，人们都亲切地叫他“肉孜大哥”。

"亚克西!"肉孜大哥含笑高声应和着,嗓音粗犷而洪亮,接着又操着蹩脚的汉语对我说:"往后嘛,你嘛——我的汉语老师,我嘛——你的维吾尔语老师。""亚克西!"我也试着用维吾尔语大声地答应。但是我发音不准,把"亚"说成了"加",把"西"说成了"斯",没想到肉孜大哥当场就给我纠正:"是亚——克——西,不是加——克——斯,说加克斯就成了哈萨克语了。"

在一旁的李书记笑了,说:"行,这第一课就在我办公室开始了。干脆,你们俩结成对子,互教互学,年终我来做监考老师,考一考看谁学得好。"在笑声中,我们离开了县委。肉孜大哥把我领到五星公社所在地雅尔湖村。这是一个典型的维吾尔族人聚居的大村落。全村有600多户、5,800多人,清一色的干汀垒土坯房,白墙土顶,屋顶一律向后倾斜;家家都有院落,院子里有葡萄架。一条90多公里长的坎儿井藏在地里,从北面的天山脚下,沿着吐鲁番盆地的戈壁滩,顺势而下,一直到雅尔湖村才流出地面,在村的南边聚成一个约二亩大的湖面,维吾尔族老乡称之为"涝坝"。由于有水的浇灌,全村大道小巷遍植了高高的白杨树。夏天,这里是一片茂密葱茏的绿洲。

肉孜大哥把我带到他的家里,我还未坐定,他便对我说:"这两天你先住在我家,等公社房子腾出来,你再搬过去。"

我们俩坐在院子里,他的妻子忙着给我们熬煮奶茶。我们一边喝奶茶,一边交谈。我把这次组织派我下来的主要意图和设想向他做了汇报,并提出了我自己的愿望:想一竿子插到底,住到维吾尔族老乡的家里,与他们同吃、同住、同劳动。肉孜大哥说,为了照顾不同民族的生活习惯,也为了往后与他联系更方便,我还是应该先住在公社办公室里。他还略带狡黠的神色说道:"方记者,你现在已经沉到我们维吾尔族的基层了,很不简单啊!"

我明白这是对我的鼓励。我告诉他:"我的名字叫方馥生,但为了日常呼叫的方便,以后您就叫我小方吧。"他说:"这样吧,我们中国有句老话叫'入乡随俗',我看你还是另起个维吾尔族的名字,这样叫起来既方便又亲切。"

我立即表示赞同并请他起名,他思考一下,说:"干脆,算我的本家吧,你就叫肉孜阿洪。”“亚克西!”我高兴地用维吾尔语喊着,并紧紧握着他的手表示感谢:“今后你就是我真正的肉孜大哥了!”他也笑着说:“你也是我真正的肉孜老弟啰!”

在之后的日子里,肉孜大哥凡是外出特别是到大队、生产队,不管是检查、布置工作还是参加劳动都要把我叫上。他是个热闹人,每到一地都会引起轰动。远远的,老乡们就喊开了:“肉孜大哥来了!”但是再热闹,他都会首先把我介绍给当地的干部和群众。从村落的名称、作物的名字、农活的种类、农具的类别,到老乡们的生活习惯和日常用语,他都不厌其烦地用维汉两种语言给我解释。有时他自己也拿不准,就记在心里,回到公社立即把马翻译叫来,从他那里替我找到正确的答案。有一次我陪他到五星大队去,半路上遇到一位老大娘,他恭敬地趋前问候,然后回过头来问我:“肉孜阿洪,把我刚才说的话翻译一下。”我愣住了。他看了一眼我的窘态,未等我张口便自说自译开了:“阿依娜·亚克西莫,赛斯——大娘,你好吗!”

接着,他向我介绍当年学习汉语的体会:一定要多听、多记、多讲,要字字留心,句句用心。“我那时整天和汉族同志混在一起,硬是把自己关在一个单一语言的环境中,造成一个强逼的势态,硬逼着自己去听、去说,时间一长就慢慢地开窍了。”事实证明,他的经验是有效的。他虽然原来是个大字不识的文盲,可硬是凭着自己的一股钻劲,用十几年的工夫,基本上掌握了汉语的日常生活用语,而且还学会了不少时髦的新名词,用起来也是恰到好处。当然有时也会闹笑话,比如常常把“实事求是”说成“求是实事”,经过我的纠正他改过来了。但是他敢用、多用的精神是值得我学习的。后来他又强记难度大的词语,叫我把“形式主义”“形而上学”“胸有成竹”等词解释给他听并写在纸上随身带,有空就念。他还说,这就叫“蚂蚁啃骨头”,希望我也用这个方法试一试。为了帮助我学习,他还专门跑到吐鲁番县中学给我要来一套维吾尔语新文字基础教材。有了这套教材,再加上肉孜大哥的言传身教,我的维吾尔语听力、会话能力,都有了较快的进步。

叫我听党课

4月中旬的一天下午，我正在公社附近的前进大队的田里干活，公社秘书急匆匆地跑来，叫我赶快回去。我问他有什么急事，他说今天下午肉孜大哥给公社全体党员干部上党课。我说我不是党员，秘书说肉孜大哥点名要我参加。我只好从命，坐在秘书自行车的后面，回到了公社。我来到会议室，发现屋里坐满了人，便想悄悄地闪进去，坐在最后一排。肉孜大哥正抬着头，眼盯着门口，一看到我的身影，便大声喊："肉孜阿洪，前面坐。"说着还叫马翻译跑来把我拉到了第一排，他说："为了让你听得仔细，我说一句，老马翻译一句。""今天党课的中心内容是：没有共产党就没有我们维吾尔族人民的新生。"他结合自己的苦难家史、五星公社的前后变化、吐鲁番县的今昔面貌，用朴素的语言，回忆对比今昔、忆苦思甜。共产党员们被深深地感动了，心里充满了对党的感激之情。那天的党课，使我深受教育，也使我了解了肉孜大哥的苦难身世。他10岁就给巴依（地主）做长工，干了18年，直到新中国成立，仍是孑然一身，一无所有。新中国成立以后，他投入党的怀抱，积极参加减租反霸、土地改革、互助合作等运动，在党号召开展的各项工作中，他都走在前面。他带头植树造林、防风治沙；他带头推广新的农业生产技术；他带领群众改造沙窝里的低产田；他带领群众不分昼夜地挖掘数十公里长的塔儿郎渠，把雪水从天山深处引进了吐鲁番。因为这些，党给了他一定的荣誉。面对荣誉，肉孜大哥更加谦逊。他认为，作为一名共产党员，这些都是应该做的。

党课结束后，肉孜大哥来到我的房间，和我谈心。他亲切地询问我："写入党申请书了没有？来吐鲁番几个月了？给电台党组织写思想汇报了没有？还有什么需要帮助解决的困难吗？"我一一做了回答。我告诉他，我给电台党组写的思想汇报和学习计划，在内部刊物《记者通讯》上登出来了，党组还在前面加了"编者按"。说着，我顺手从桌上拿了一本刚刚寄来的1966年第一期《记者通讯》，翻开登载我的稿子的页面给他看。他叫我念给他听，我从“编者按”开始，慢慢地大声朗读着。当念到“为了和维吾尔族老乡打成一片，肉孜大哥还给我起了个维吾尔族名字‘肉孜阿洪’”时，他哈哈大笑起来。临走时，他郑重地要求我：到年底，不仅维吾尔语学习要有收获，政治上也要有进步。“好好干吧！肉孜阿洪，争取早日加入党组织，我愿做你的介绍人。”我高兴得跳起来，按照维吾尔族人行礼的样式，把手按在胸前，向他深深地鞠了一躬，表示虔诚的谢意。打这以后，他经常找我谈心，指出我的优点缺点，指明我努力的方向，还送了我一本维吾尔语新文字党章。他说：“这既是政治学习材料，又是学习维吾尔语的教材，希望你好好钻研。”按照肉孜大哥的要求，我也着实下了一番功夫，对照汉语党章，逐字逐句地进行译读，收获不小。

赠我坎土镘

有一段时间，我一直随同肉孜大哥在塔儿郎渠工地上劳动。这是吐鲁番最长的一条地面引水渠，从天山脚下顺着盆地，由高向低一直修到吐鲁番县城。渠道呈梯形，渠面宽10米，渠深5米。90多公里的长渠，全是用戈壁滩上的鹅卵石铺砌而成的，修于20世纪50年代。由于长期受雪水冲击、时常遭遇洪水漫灌，不少地段有不同程度的毁坏。从6月中旬起，肉孜大哥就带领公社几百名基干民兵奋战在工地上，他们必须赶在7月中旬融化的雪水下来之前，把毁坏的渠道全部修复。任务紧，工程量大。他上下奔波，进行组织安排、技术指导、督促检查，还经常和青年们一起，抡起他那特制的坎土镘（维吾尔族农民的一种劳动工具）边干边示范，再三叮嘱大家要注意质量。一天，中间休息的时候，我们俩坐在地上抽莫合烟（新疆少数民族喜爱的自己卷的颗粒烟），他大口大口地吸着烟，我注视着他的鼻孔，这时简直像个烟囱。猛然间，我发现在他那宽大的脸庞上，两只眼睛比以前更大了，显得疲惫而困顿，他显然消瘦了。我的心一紧，说：“肉孜大哥，明天你回家理个发吧，这里有阿不都热合曼连长指挥，问题不大。”我想借此让他回去休息一下。他说：“不行呐，再过几天就是‘七一’了，我打算‘七一’之前结束工程。党的生日那天，民兵连长、排长参加现场验收，然后把近期发展的20多名新党员集合在一起，举行一次工地入党宣誓。”肉孜大哥真是一个粗中有细的人，他会把要干的事安排得井井有条。他吩咐我和马翻译立即通知连、排长到他这里开会。会上，他把最后几天的任务，做了详细的布置，反复说明几点注意事项。最后他大声宣布：“我们要用这条整修好的新塔儿郎渠向党献礼！”

“七一”那天一早，肉孜大哥理了个发，还特意戴了顶小花帽，人显得分外的精神。吃过早饭，他便带上连长、排长，沿途逐段检查验收。验收工作结束后，召开大会，他总结了这半个月来的劳动情况和修复渠段的质量状况，表扬了优秀民兵。然后他说明了在党的生日这天召开这个大会所具有的重要意义。他结合塔儿郎渠给吐鲁番带来的巨大变化，说明我们党的伟大。为了照顾我学习维吾尔语，他还是采用老办法，他说一句，马翻译翻一句，我听得也清楚。说到激动之处，他不停地挥动着拳头：“没有共产党就没有新中国”“没有共产党就没有我们各族人民翻身得解放。”他洪亮的声音在空中回旋、激荡。我看着他那高大的身影、英武的气概，联想到新中国成立前他10岁就给巴依扛长工，当了18年的奴隶，当时，我对“旧社会把人变成鬼，新社会把鬼变成人”这句话的内涵有了更深的理解和认识。

接着，他带领20多名新党员举行入党宣誓。宣誓完毕，他大声喊道：“下面向肉孜阿洪赠送坎土镘。”马翻译迅速地跑向附近的帐篷，拿来一个崭新的坎土镘，把它交给了肉孜大哥。原来前几天肉孜大哥就背着我，叫马翻译悄悄准备好了。我一下子愣住了，只冲着肉孜大哥笑。坐在我身旁的民兵连长阿不都热合曼拉了我一下，说：“肉孜阿洪，快上去领坎土镘！”我站起身，手按在胸前向肉孜大哥鞠躬，表达深深的谢意，向全体维吾尔族老乡鞠躬，表达深深的祝福。我接过坎土镘，发现手把上还有肉孜大哥亲自用汉字歪歪斜斜写的一行字：“祝肉孜阿洪早日加入共产党。”旁边还有一行维吾尔语译文。我举起坎土镘，也像刚才新党员宣誓一样，情不自禁地高呼："中国共产党亚夏松（万岁）！""各族人民大团结亚夏松！"老乡们也呼应着："亚夏松！亚夏松！"雄伟、嘹亮的口号声，在空旷的戈壁滩上传向四方。

人生关键词

叶凤英

有哲人说，人生有三大幸事：有一份自己喜爱的工作；有一个可以做港湾的家；有一个和谐宽松、令人心情舒畅的工作环境。我有幸都拥有了。让我拥有这一切的是培养我成长的家——北京广播学院，现今的中国传媒大学。作为广院新闻系首届学生，我在这里选择了自己终生喜爱的事业；在这里我与老伴因同校同专业同小组的学习之缘，又有同年同月同日生的巧合而相识相知，牵手一生；自 1979 年回广院，我一直在电视系工作，直至退休，这里没有文人相轻的弊端，这里有相互包容、相互尊重、团结友爱的集体。因为广院我才拥有相对平静甚至有些亮点的人生，广院是我的母校，也是我事业起步、奋斗的福田。对广院我心中拥有太多的感动，在即将迎来我们入学 60 周年，也是中国传媒大学创建 65 周年之际，我拿起了久已不用的笔，写下发自内心的感恩之文。

人生七十古来稀，人到这个年龄段就爱回忆往事。往事不会都如烟，总会留下念想、记忆。人生如行舟，人生如长途旅行，人生旅途中总有故事，总有让人难以忘却的人和事。回忆或悲或喜、或坎坷或顺遂的一生，我的人生关键词是：梦想、勤奋、感恩。

梦　想

在当今社会，最热的词非“中国梦”莫属。梦想成了时代的主题。每个人都有梦想，从小老师、父母就教导我们要做一个有理想的人，有理想才会奋斗。真正的梦想不是黄粱美梦，而是理性的规划，是理想。理想是前进的动力，是人生成长旅程上的路标。而理想、梦想的实现需要坚持不懈的精神。

我1957年高中毕业。上学时酷爱文学，也酷爱在读报纸、听广播中思考问题，从而有了当记者的理想。复旦大学新闻系是我高考的第一选择。谁知风云突变，声势浩大的“反右”运动影响了我。因为家庭出身不好，我落榜了。理想破灭了，又该何去何从？在茫然无助中，“我要上大学，我要当记者”的信念没有被淹没。1958年时任团中央书记的胡耀邦同志在上海万人广场做了“又红又专”的报告，报纸、广播中轰轰烈烈地开展了红专辩论。是“先红后专”，还是“先专后红”，似乎为我这背负“黑色成分”包袱又一心要“专”的人指出了方向。要“专”必先“红”。为了脱“黑”，我不顾亲人的百般劝阻，义无反顾地奔向“红”的方向——贺龙同志“两把菜刀闹革命”的洪湖革命根据地，成了大沙湖农场的一名知青。从手无缚鸡之力的大城市学生到农场知青是一个痛苦的脱胎换骨的过程，为了心中那份理想，我咬紧牙关挺过来了。当有的知青因受不了苦而聚众闹事要求返回上海时，我的态度是：生活没有后悔药，自己选择的路自己走下去。1959年政治形势趋于缓和，农场批准了我报考大学的申请，我又一次走上高考的战场。正赶上北京广播学院新闻系第一次招生，当时幼稚的我认为离家远些可少受家庭成分的影响，于是我选择了北京广播学院作为高考第一志愿。感谢广院录取了我，让我实现了“上大学，当记者”的梦想。

到学校报到时，和同学们一样，我也有过一阵失落。出了火车站，第一印象是北京的天空灰蒙蒙的，北京的楼也是灰色的。所谓的校园只是一幢“凹”字形的大灰楼，中间是不大的操场，这分明是办公大楼，哪里是大学呀！但一切的不爽很快被来之不易的上大学的喜悦冲淡。学校虽小，但处处能让人感受到国家的重视。当时的广播事业局局长梅益同志亲自在广播大楼音乐厅给我们做入学报告；在“三年困难时期”，也是在这里，陈毅外长做报告，鼓励我们坚守信念，渡过难关。中央广播大楼音乐厅如同我们的大礼堂。毕业时我们更有幸在人民大会堂听周总理的报告。这一系列待遇可不是一般大学生能拥有的。我们的老师都是从广播战线调来的既有资历又认真负责的干部。除了基础课、专业课以外，学院经常邀请各方面的名家学者来讲座，以开拓我们的知识视野和思路。在社会实践课上，老师带领我们去工厂、去农村，帮我们培养记者走基层的素质。通过四年学习，广院把我们引入了职业记者之大门。

进校后，我就发现同学们个个都根正苗红，有着极好的家庭出身。从梅益局长及老师们的讲话中，我也知道广院招收学生的政治条件要求是很高的，因为这是培养党和人民喉舌的高等学府，我庆幸自己也能成为这个优秀集体的一员。当无意中看到班级花名册上我的名字旁有记号时，我敏感地意识到自己“另类”的位置。经过农场劳动的锻炼，我已没有1957年时的绝望和茫然。我知道新闻系是政治色彩极强的院系，广院是非常看重政治表现的学府，能把我作为“可以教育好的子女”特别招收，对我个人来说已是天大的幸运。我也一直记着胡耀邦同志的讲话：“家庭出身不由己，但走什么路可以自己选择。”这也是我坚持梦想、坚持上进的精神支柱。

四年的大学生活，赶上了“三年困难时期”。我记忆最深的是，食堂每餐给每人两块小小的、黑黑的玉米饼子当主食，同学们戏称之为“小二黑”。有时正吃着饭，灯突然灭了，等灯再亮起时，会听到有人惊呼：“我的‘小二黑’呢？”拿者手脚之快令人惊讶。今天回想起这些事时已不再有当年的辛酸的感觉，它们反而成了广院记忆中有趣的插曲。生活虽苦，但为梦想而学习之路还是快乐的。

人生行舟总会遇到风浪起伏。四年学习结束了，沉浸在周恩来总理毕业报告中所言“为国家为人民奉献知识、青春”的热情中，我们迎来了毕业分配。当专业主任矫广礼老师征询我的意愿时，我表示不愿回上海。后来得知，我已被分配到中央电视台。接到广电局人事处谈话通知时，我兴冲冲地去了，结果却被一瓢冷水浇透全身。人事处干部说包头电台也要发展电视事业，到局里来要毕业生，已把我调配过去了。我心中明白，是出身的包袱又一次改变了我的命运轨迹。90年代时，因经常一起参加全国电视新闻评奖等活动，我与曾任中央电视台新闻部主任的夏之平老师成了知心的忘年交。从她那里得知，我毕业时她曾点名要我去中央电视台，谁知会好事多磨呢？好在经过了农场这所社会大学的锤炼，我已学会了坚强，好歹当记者的梦想实现了。幸运的是，包头电台领导不重成分、重表现，大胆放手，把重要的报道任务交给我这刚出校门的新手，在工作中培养我、锻炼我。工作压力驱散了心中的委屈，伴随着梦想，我又坚持过来了。

心中有梦，这使我一次次渡过难关，在人生旅途上蹒跚而坚强地行走。

勤　奋

天道酬勤是亘古不变的真理。人们常说，人的成功在于天赋、勤奋和机遇。我认为，三者之中最重要的还是勤奋。“龟兔赛跑”的寓言充分说明先天的聪慧并不是获得成功的保证，天赋再好，也需要后天的刻苦努力。同样，运气、机遇也是需要勤奋去抓住的。巴斯德说：“机遇总是偏爱那些有准备的人。”天上掉下馅饼，也不是人人都能张口吃到的。

家庭出身不好是我先天的劣势，我清醒地认识到，以我的出身背景在政治上无法做到先进，但我可以化劣势为优势，在个人修养上要求自己做到先进。这一认识也规范了我的行为准则：学习上按高标准刻苦钻研，生活中低调地为人处世。这一准则影响着我的一生，也护佑了我的人生，让我在政治风云激荡的年代能化险为夷、平安渡过。人常说“勤能补拙”，我努力地汲取知识营养，想以业务之“长”弥补自身的政治之“短”。课余时间，我沉浸在图书馆，在书的海洋中享受心灵的宁静、生活的丰满。

三年级开学初，新闻系开始专业分流。电视摄影和英语专业都开始挑选学生。有幸的是，我同时得到两个专业的老师的邀请，权衡之下，我选择了电视，这得益于在图书馆的阅读。尽管1958年5月1日，中国第一座电视台在北京开始试验播出，但是电视机尚未普及，对于电视是什么样的，我一无所知。我曾在图书馆读到一期国外杂志，它详细介绍了当时国人还不熟悉的新媒介——电视。声画并茂的传播形态激起了我极大的兴趣，我认定崭新的事业一定具有无限的空间，我可以去创造、去发挥，更何况它能满足我当记者的心愿。一本杂志的偶然启示，让我作出了影响一生的决定，我成为全国第一所且唯一的广电系统专业高校中电视摄影专业的第一批学生，在这里开启了我学电视、干电视、教电视的事业。

1979 年底，在矫广礼老师的帮助下，我回到母校当老师，赶上了改革开放的好时期。变革时代赋予人们改变命运的机会，机遇来了，关键看你能不能抓住。说起来，这似乎是有些令人难以置信的宿命。从广院毕业后，我无数次做过同样的梦。梦中的我还在广院当学生，正在参加考试，每次都是考英语，不是忘了单词，就是没背课文，考场内抓耳挠腮地着急，急着急着，梦就惊醒了。也可能是 1957 年高考失利在心中留下的阴影太深，我才会做这样的噩梦。不知是天意还是巧合，回到广院当教师后，我真的又经历了一次英语考试，与梦境相反的是，我考得很好。能有勇气去参加英语考试，得益于平时的勤奋。在广院上学时我选学了英语，毕业后适逢"文革"十年，外语无处可用。"文革"结束后，电视上开播"英语讲座"，我就跟着电视学，想把荒废了的外语重拾起来。因为无意中的"好学"，才有了这次考试的成功，也因此有了去德国学习进修的机会。这一场平等录用的考试也让我彻底释然，甩掉了出身包袱，挣脱了精神枷锁，让我的生命真正进入了自由王国。借用经济学定律来说就是，先进的生产制度解放了生产力。精神的解放更激发了我投身事业的激情。

德国进修为我的教学事业搭建了新的制高点。我在教学上质的进步正得益于此。去学习，我得从头开始学德语，40 多岁才开始学一门新的外语，难度可想而知。凡事有付出才会有回报，人生就是这样充满辩证法。福祸相依，付出与得到永远成正比。重要的是，要把握自己，坚定地、目标明确地往前走。逆境时，永不言败；顺境时，要抓住机遇。

1981、1985年我两次赴德国电视台,去跟着他们的记者工作。我到那时才真正明白"电视是什么"。当时我们国内搞电视,是用16毫米摄影机拍新闻,再配上解说词,声画两张皮。在德国,电视新闻是摄影记者用ENG拍摄的,采访记者出画面、在现场作采访报道;记者型主持人在新闻杂志节目中出现。全新的手法让我有了豁然开朗的全新认识。回国后再从事课堂教学,我就有了崭新的思路。

在德国期间,我还学习了"开放式教学法"。课堂上老师提出问题,让大家各抒己见地讨论,通过讨论做到教学相长,这其实是"脑力激荡法"。在以往"填鸭式"的教学中,只有老师一个人脑子在转,学生都是被动接受。讨论式的教学方法是:围绕一个话题,所有人头脑都运转起来,让各种观点互相碰撞。这种教学方法往往会激发学生产生一些奇思妙想。开放式教学法更需要老师积极思考,选准、选好讨论课题,并善于归纳总结。这种方法我从1982年开始便在本科生中试验,之后又在研究生课堂中采用,很受学生欢迎。可惜随着扩大招生,我们面对的是上百人的大课教学,这种只适宜小班的教学法我只好放弃。

1998年底,高教委组织专家到广院视察教学质量,他们听了我的课,将我的课堂教学评定为优。面对学生的求知欲,教师应保持求新的活跃心态,不断充实新内容、提高教学质量,这也是专业教学的特点所要求的。

电视是应用性、实践性很强的学科,电视系要求教师教学、科研两手抓。回到广院,我和爱人刘存志把多年电视新闻工作的实践经验进行了系统的总结归纳,写出了第一本专著《电视创作技巧论》。囿于自身实践,这本书还是有"重摄影、轻采访"的缺陷。20世纪80年代后期,电视系推出了电视节目制作丛书,这是电视界第一套专业丛书。我撰写《电视记者工作》时,把在国外学到的新的实践与理论吸收进去,呼唤中国电视新闻"采摄分家",学校应重视培养能做现场报道的出镜记者、培养记者型的主持人,呼唤教学与实践的创新。

在改革开放春风的沐浴下,中国电视事业迅猛发展,日益丰富的电视实践也在呼唤理论的介入与创新。电视系作为全国唯一的电视专业教学单位，理所当然地承担起这份使命与责任，要在“电视无学”的荒地上开垦出一片绿茵，要做电视理论建设的拓荒者。90年代初，电视系集30位老师的智慧，在总结实践规律的基础上深化理论阐述，共同完成了230万字的巨著《中国应用电视学》。它系统并有前瞻性地构建起中国电视理论的框架，也为电视创建独立学科体系奠定了基础。它打破了“电视无学”之说，在电视界乃至教育界都产生了不小的反响，并获得一系列的奖项。我是书稿副主编之一，撰写了其中“电视采访”与“电视新闻节目”章节，我也借此进一步明确了教学科研的方向。在《中国应用电视学》的基础上，电视系又倾力推出了“中国电视学系列教程”及数年后的修订版，科研著作的理论建设脚步紧紧追随中国电视实践的发展而不断前进。

1993年被公认为中国电视新闻起飞之年。中央电视台网罗了一群有活力、有闯劲、有思想的年轻人，成立了“新闻评论部”，电视荧屏上先后绽放出许多花朵：《东方时空》《焦点访谈》《新闻调查》《面对面》等一系列栏目以崭新的电视语态给观众带来一股清风，电视新闻传播的影响力空前强大，我的科研写作也借助电视实践的创新而发力。很庆幸，我的科研脚步与电视新闻的发展是同步的，在实践和理论建设中并驾齐驱。从《中国电视名记者谈采访》到《电视采访学》再到《电视采访——探寻事实真相》，从《电视新闻学》到《现代电视新闻学》再到《电视新闻——与事件同步》，我在电视采访与新闻领域辛勤耕作，边讲课边梳理、充实内容，不断修订、更新教材。退休前完成的教材《电视新闻——与事件同步》获得了“全国优秀教材奖”这一国家级奖项，为我的事业画上了圆满的句号。应感谢电视战线上的辛勤耕耘者，是他们的实践为我的科研写作提供了丰富宝贵的素材。只有在肥沃的土壤中耕耘，才能结出丰硕的果实。

可以欣慰地说，在追求事业方面，我是勤奋的。我被聘为博士生导师，并获得国务院特殊津贴，这既有自身勤奋努力的因素，也得益于我成长的土壤，感谢广院的栽培之恩。

感 恩

星云大师说，能对国家、社会报恩的人，才算是人。报恩植根于感恩。记得央视 2012 年底总结了当年的热门词语，“温暖”“感恩”等都位列其中。有感恩之心，大，可达社会之和谐，小，可提升个人之内心修养，用仁爱、喜乐之心温暖自己、善待别人。人们常说，上帝是公平的，当他对你关上一扇门时，又会打开一扇窗。我背负着出身包袱，在极“左”路线统治的时代，在求学、入职关键点上屡遭挫折，同时又在人生旅途中不时地遇到好人、贵人，他们助我摆脱困境、重拾勇气、追赶梦想。回首往事，对这些助梦的好人，我内心充满了感恩。

首先要感谢母校广院以海纳百川的胸怀圆我“上大学，当记者”的梦想。在“以阶级斗争为纲”的年代，不管政治大环境如何，广院的小环境是暖人心的。我从老师、同学身上感受到的是完全平等的友爱。广院领导不愧是媒体人出身，对政策掌握得更稳妥，把舵更准确，对所有师生——不论背景如何，只要能在广院大家庭中释放正能量——都一视同仁。用人不疑、人尽其才，同学们最崇拜的温济泽老师就是典型的例证。温老当时是戴着“右派”帽子在广院教书的，但他的人品、他的学识深受青年学子的爱戴甚至崇敬。记得 1994 年 9 月，广院 40 周年校庆时，我们 59 级、60 级新闻系与会同学在阶梯教室像当年上课一样屏息聆听温老讲话。温老动情地说：“你们没有把我看成敌人，给了我信任、理解、尊重和同情，这是人和人之间最宝贵的感情。今天见到你们，我还要再说一句，谢谢你们！”面对知音，温老话语哽咽，历经风风雨雨，成熟、稳重的老同学们也个个热泪盈眶。这份师生情、同志情是多么难能可贵。温老师博学多才的讲课风采至今深印在我脑海里，是我永远的榜样。

1963 年毕业后，经过十多年记者生涯的历练，命运之神最终还是把我安置到了庇佑我的福田——广院。应感谢我生命中的贵人矫广礼老师。十年

“文革”后，广院复校并扩大招生规模、充实师资。时任央视新闻部主任、我的同班同学朱继峰告知我们这一消息后，我们立即给矫老师写信，诚恳地表达想回母校任教的意愿。广院是实践性极强的学校，矫老师主管的电视专业要求教师能教、能拍、能写。教摄影的老师要精于画面拍摄，教编辑的老师要精于画面编辑。应该说，我们符合这“三能”的要求。基于老师对学生的了解，矫老师排除阻力把我们调回广院。令人感动的是，陕西台不愿放人时，矫老师和广院人事处董本殿老师亲自到西安说服台领导，承诺给陕西台不断输送毕业生等条件，我们这些人才被放行。

从新闻系的电视摄影专业到电视系，再到今天的电视学院，矫老师一手创建了电视学科，同时也树立了电视系教师队伍团结一心、奋发创造的好传统。电视学科建设是崭新的事业，需要以创新的精神去开拓。矫老师敢于承担责任，让大家放手干，全系上下形成了不为个人名利，为了事业团结合作、包容和谐的好风气。电视系老教师常说，做一名教师是幸福的，做一名电视系的教师更是幸福中的幸福。尽管矫老师离开电视系已多年，但历届系领导“喝水不忘挖井人”，每年年终聚会时都会诚邀矫老师参与，几代师生欢聚一堂，其乐融融。

我也要感谢记者生涯中的两个驿站，它们给予我许多帮助。由于我是因包头电台领导亲自去中央广播事业局要人而半道被调配去的，所以人已到位，人事调动手续却还未到。那是无论做什么都需要票证的年代，台领导广原同志原是团中央的干部，他把自己家的票证拿来给我用，还以自己的亲身经历真诚地劝慰我，告诉我边疆工作是大有可为的。更重要的是，在工作中他让我挑重担，于是我放下包袱，在记者岗位上欢实地干了起来：草原英雄小姐妹被大风雪围困，是编辑部主任大清早敲门把我叫起来，我马上出发去做的追踪报道；跟随草原钢城活学活用毛主席著作讲用团，一路听讲一路报道，直至大败日本鬼子的著名战场百灵庙；在谢觉哉老人做过客的蒙古包里边喝奶茶，边采访牧民；爬上白云鄂博铁矿，在紫红色矿石上与工人攀谈；同矿工一起乘坐闷罐车直下井下几十米的深处；住包钢炼钢厂“三八作业”

班姐妹们的宿舍，进行同吃、同住、同劳动的“三同”采访。一篇篇报道就这样从心田、笔尖流出，随电波传向四方。在一次次采访汇报中，在一次次提炼素材、深化主题的探讨中，我探索着新闻的规律，体验着做记者的感觉。我懂得了做一个好记者必须扎扎实实地深入生活、深入基层，必须要有严谨、细致的采访作风，善于发现，勤于思考。我衷心感谢那些扶我上“战马”的老同志，包头一站，为我今后从事电视新闻教育打下了良好的基础。

世事难料，好景不长。1966年“文化大革命”爆发，电台几近瘫痪。由于我一贯低调处世，“造反派”也没把我看作斗争对象。没有了采访任务，也没有图书馆可进，我成了无事可做的逍遥派，对边疆钢城也无眷恋。1971年，为解决两地分居问题，我调到了陕西电视台，真正回归完全对口的电视记者、编辑生涯。扛起久违的摄像机，我既高兴又觉得生疏。第一次拍新闻，审片时如坐针毡，惴惴不安。新闻放完，黑暗中听到一个声音轻轻地说：“不错，不愧是科班出身。”忐忑的心这才平静下来。一句不经意的肯定，让我重拾信心。后来为便于照顾孩子，我又专职做编辑工作。古都西安是除首都北京以外，外事活动最多的省会，每逢重大时政报道，刘存志主拍我主编，我俩是业务上最默契的搭档。陕西台颇有延安时期的优良传统，上下级之间从不叫官称，而是直呼其名，透着亲切和平等。对平等的环境，在政治上屡遭不平等待遇的我更是倍加珍惜。在这里，我可以为业务问题和同事、领导无所顾忌地争论，对事不对人的业务探讨氛围令我如鱼得水般舒畅。在陕西台八年的电视生涯为我从事电视教学、撰写电视教材打下了极好的实践基础，我衷心地感谢这段生活给予我业务上的成长和心灵上的慰藉。

退休后，生活归于平静安详，很感激电视学院对退休教师的关怀。逢年过节他们都会送米送油送温暖，甚至细心到送生日蛋糕。我也感动于学生对我的情意，他们或电话问候或登门叙谈。我家搬到远离市区的郊外后，他们还相约来我家聚会，给我带来新鲜的信息和年轻人的朝气，让我在天伦之乐外，又享受到师生之乐。

常听同事、学生夸我：“叶老师，你心态真好。”修炼出好的心态，关键在于对人对事常怀感恩之心。工作、生活在社会中，我们难免会遇到各种矛盾与不公，难免会被各种人或事干扰，感恩好似心灵的按摩剂，它能让你万事想得开、放得下，以淡泊平和之心态去化解一切不平、不快，保持心态愉悦、身体健康。年龄越大，经历越多，对此道理的感悟就越深。还记得学校评二级教授一事，当时我已退休，本无心参与，因评选条件中有一项硬指标：只要有国家级的优秀教材，即可获批。我符合此条件，所以在好心人的动员和催促之下也填表申报了，最后却无疾而终。碰到这种不合理、不公平的事，一点儿都不生气是假的，为此去争去闹又不符合我的个性，解脱的唯一方法是想开、放下。用宽容心态去想，僧多粥少，难免不公；用感恩心态去想广院对我的培养对我的好，一切也就释然了。

中华文化博大精深，用字造词都充满智慧哲理。"舍得"，有舍就有得，舍掉名利的烦恼，得到的是内心的安宁喜乐。星云大师说："人生最有用的是欢喜，自己欢喜也给人欢喜。"诗人顾城说："黑夜给我黑色的眼睛，我却用它寻找光明。"无论在何种困境下，如果我们都能用欢喜之心寻找光明，人生就会精彩，这是哲人的训诫，也是人生的真谛。

时光荏苒，遥想 1959 年刚进广院时，广院是学科单一、师生数百的新的专业院校，如今已是学科齐全、学生层次多样、研究与实践并重的知名大学，在国际传播界都具有了一定的影响力，我为母校的成就而骄傲。作为新闻系首届学生，我也从风华正茂的年轻学子变成了退休老人，回想自己与母校一起成长、息息相关的人生，涌动的是欢喜之心。衷心祝福母校生日快乐，明天更加美好璀璨。

无限的怀念　传承的责任

——发自母校65周年校庆时的心声

梁一高

今年是我们的母校——中国传媒大学(原北京广播学院)建校65周年。我作为母校新闻系59级本科毕业生中的一员,回首当年在母校求学的经历,不禁思绪万千;思量当年母校的培育,更感情深义重。现在,每当想起在母校的岁月,真像过电影似的,一幕又一幕全都浮现在眼前。

难忘的学习情景

面对"灰楼"

不可否认,在当年的母校,校舍、教学设施和校园环境,确实是相当狭小、简陋的。整所学校,就只有一座五层的灰楼。我们在一层食堂吃饭,到三楼教室上课,再到五层的宿舍睡觉,早上则只能到灰楼四周的便道上跑步。面对这种状况,说实话,我和好多同学都没有在意。我只是感到,像我这样贫苦家庭出身的孩子,能够到伟大祖国的首都——北京上大学,这是过去做梦都没有想到的,我的心里充满着感恩之情。

随后,我就了解到,母校的多位领导和老师都是从中央广播事业局和中央人民广播电台抽调过来的。他们品格高,水平高,经验丰富,业务能力强,具有很强的责任心。特别是1959年9月7日,我们到那么高级的广播大厦音乐厅参加隆重的开学典礼,聆听了梅益局长、周新武院长的讲话;开学典礼之后，梅益局长还和我们全院师生一起，在广播大厦前面拍下了巨幅的纪念合影。那时候，我既感动，又很激动。我暗暗下定决心，一定要努力求学，刻苦锻炼；要学出好成绩，练出过硬的本领，来报答伟大的党、伟大的祖国和伟大的人民。

恩师们的谆谆教诲

回想培育我们的恩师，首先想到的是周新武院长、左荧副院长（兼新闻系系主任）。那时候，学院刚刚建成，又赶上国家经济困难时期，真的是困难很大、矛盾重重。他们为了学院的创建、稳定和发展，真是呕心沥血、无私奉献，功绩卓越，令人敬仰。母校出版的《周新武纪念文集》和《左荧纪念文集》，正好表达了我们的心愿和敬意。

当然，我们最熟悉的恩师，自然是面对面培育我们的温济泽、苑子熙、顾湘、袁方、康荫、杨林、林宏俊等老师。他们都尽心尽力地培育我们，苦口婆心地呵护着我们成长。我们深深地感谢他们。

最让我难以忘怀的，是我最敬重的恩师——温济泽老师。当年，温老师给我们讲授的课程最多，授课的时间也最长。从我的课堂笔记来看，至少有“怎样练基本功”“通讯写作专题讲座”“写广播稿的几个问题”“谈写作”“评论工作”这几门课程。温老师授课时，理论紧密联系实际，观点鲜明，逻辑清晰，言辞恳切，引人入胜。在课堂上，他时而旁征博引，步步深入，时而诙谐风趣，谈笑风生。同学们都特别爱听温老师的课，聆听以后，都说收获特别大。

就我个人来说，还有一个特别幸运的事，就是我的毕业论文是温老师指导的。我的毕业论文写的是广播中录音报道的真实性问题。这个问题是广播界多年都没有解决的，写起来难度比较大。我写出初稿以后，先是请几位要好的同学提意见，然后做了修改。等我定稿之后，才送给温老师审阅。温老师看过之后，首先表扬了我写这个选题的勇气，接着，就毫不客气地指出了论文中存在的问题。他认为：论文有点贪大求全；讨论学术问题时，要让事实说话，不要扣帽子，要带着商量的口气；同时，要尽量全面一点，防止一孔之见。经过温老师的指导，我认识到自己的论文确实有问题：一个是对自己看不惯的现象抱有一种愤慨的情绪，把话说得“过火”了；再一个是有点不知天高地厚，企图用自己的浅见来解决多年都没有解决的难题。于是，我决定按照温老师的指导，推倒原文重写。当我再下功夫重新写出论文之后，温老师既进行了肯定，又指出我在分寸的把握上还有不当的地方，我再一次做了修改。就这样，经过温老师前后三次睿智的点拨，加上自己的苦心求索，我的毕业论文终于完成了，并且取得了较好的成绩。后来，系里为全系的优秀毕业论文举办了展览，我的毕业论文也在其中。

总结这次毕业论文写作的收获时，我深深地认识到，正是温老师对我面对面、手把手的指引，我的思想认识与写作技能才有了飞跃性的提高。

回顾温济泽老师对我们多年的培育，我们心中充满了崇敬。温老啊，您是 1929 年就参加革命的老革命，1946 年就担任延安新华广播电台第一任主任的老广播；新中国成立后，您是中央人民广播电台的副总编辑、中央广播事业局副局长，是老新闻家。可您在“反右”中却受到不公正待遇，您就戴着“右派”的帽子给我们授课，给我们指导！您光明磊落、无私无畏、百折不挠、襟怀豁达，您对党对祖国对人民，鞠躬尽瘁、死而后已，您高尚的品格、渊博的知识、严谨的学风和诲人不倦的精神，都深深地影响着我们、感染着我们，您传授给我们的精神财富，是我们一生一世都受用不尽的。

“请进来，走出去”的授课模式

为了培育我们，学校和系里特地为我们开设了“形势与任务”和“社会知识”两门课程。这两门课程的授课方式有两种：一种是邀请英模人物、各界专家和社会名流，来学校为我们授课；另一种是老师带领我们走出校园，参观一些重要的展览、重点企业和著名人文景观。

当年印有“北京广播学院” 6 个红色大字的记录本上，记有当年“请进来”授课的老师：多位全国群英会的代表，多位全国文教群英会的代表，教育部部长杨秀峰，农业部部长刘瑞龙，地质部副部长何长工，卫生部副部长傅连暲，国家计委副主任杨英杰、王光伟，中国人民革命军事博物馆馆长贾若瑜少将，中央工商管理局局长管大同，文化部艺术局局长周巍峙，人民出版社社长王子野，人民文学出版社社长韦君宜，还有著名的吴晗、叶圣陶，著名农民诗人王老九。

来校给我们做报告、授课的，还有：《人民日报》副总编辑安岗，《人民日报》著名记者陈柏生、周立波、陈凌，新华社著名记者彭迪，中央人民广播电台著名记者闫玉、林冬、姜炎、赵黑、杨兆麟、何光、刘彬、张之，北京人民广播电台台长汪小为，北京人民广播电台著名记者艾丰，等等。

以上这些人所做的报告，各具特色，各有侧重点，各有精彩之处。我们聆听这些报告，不但长心智，而且开眼界，实在是受益匪浅。

我们“走出去”参观的主要有：全国工业交通展览会、全国农业展览会、十年民族工作展览会、石景山钢铁厂、北京第一机床厂、北京四季青人民公社、北京椿树人民公社、人民大会堂、鲁迅博物馆、北京天文馆等。

我们一边观看，一边做记录，参观回来，还要写出参观的感想、体会。

在参观过程中，我们广泛地接触了社会，接触了群众，了解到不少的国情、社情与民意；同时，也从多方面增长了知识，开阔了眼界，并且锻炼了社会活动能力。

愉快的劳动锻炼

在母校学习期间，我们多次参加了劳动锻炼，有短期突击性的劳动，也有 10 天以上的长期劳动。长期劳动主要有：黄土岗公社劳动、中央广播局 13 号发射台农场劳动、东坝农场劳动等。在这里，我重点回顾一下我们第一次劳动锻炼的场景。

1959 年 10 月 7 日到 27 日，我们要到北京南郊的黄土岗人民公社，参加 20 天的劳动锻炼。出发之前，周新武院长勉励我们：好好地度过这 20 天，争取劳动成果、思想双丰收。

10月7日早上，我们带上行李，坐上学校租来的公共汽车，就出发了。汽车开出了北京城，我们高兴地唱起了当时的流行歌曲，车上笑声不断。我们班的同学被分配到公社的郭公庄大队，我们小组的同学又被分到第三生产队。队里的社员们，不分男女老少，见了我们，都说："欢迎，欢迎！"我们下地干活都是由有经验的社员带领着。这些社员先给我们做示范，再讲要领，我们就学着干起来。我们学着干了很多农活，如拔菜地里的杂草，挖地里的花生，砍成熟的大白菜，割白薯秧，挖白薯，收捆花生藤等。为了抢季节，也为了多干一点活，我们有时还出早工、出夜工。我们干活都挺下力的，常常汗流浃背。有时在田头休息，同学们还会唱歌。社员们看到我们干得欢，就经常问我们"累不累"，要我们休息一下。有几个晚上，我们学习小组还开了会，交流劳动的收获。

10月25日，是我们参观的时间。参观之前，我们还到地里干了两个小时的活。在参观公社敬老院时，我们看到了老人们发自内心的笑脸；参观盆窑时，我们看到了工人们熟练的操作，感受到了他们充满热情的干劲；在参观面粉厂时，我们得知他们生产的面粉，有一部分还出口呢；最后，我们到了园艺队，这里是花园，到处鲜花怒放，清香扑鼻，真叫人心旷神怡！

劳动结束之后，我们怀着依依惜别的心情，离开了可爱的黄土岗，回到了学校。回校之后，我写了将近3,000字的劳动小结。在这份小结的最后，我写道："这次劳动的收获的确是很大的，但比起党对我们的要求，还差得远。我真心地希望，以后这样的机会能够多一些，好让我取得更大的收获！"

难忘的毕业实习

我们在第三学年，有过一次"认识实习"，实习时间比较短。当时，我被分配到中央人民广播电台新闻部"新闻与报纸摘要"节目组，每天上早班。通过这次实习，我亲身感受到中央电台的老师们在工作中的高度责任感、高度紧张的工作状态和高度严谨的工作作风，得到了不少教益，终生难忘。

我毕业实习时，去了辽宁电台和沈阳人民广播电台。去沈阳之前，我抓紧时间翻看了那一段时间的《辽宁日报》，还做了不少笔记。有了准备，我对沈阳就了有一种亲近感。

我们实习组到了台里，省台的赵台长和市台的陈台长，都给我们讲了省、市台当前宣传报道的指导思想、报道要点和需要注意的问题。我被分到了市台新闻部。有了两位台长的指导，我不管是在台里编稿，还是外出采访写稿，思想上都比较明白。在市台时具体带我的师傅，是台里的资深记者顾寿林老师。他工作能力很强，为人很正派。顾老师对我要求很严，对我的指导也很多。台里别的老师也都和蔼可亲。他们都不拘形式，随时随地指点我，我深深地感谢他们。回到学校后，我给沈阳台的老师们寄去了一封感谢信，略表我的感激之情。

1963 年的春天是不同寻常的。3 月 5 日，伟大领袖毛主席"向雷锋同志学习"的题词发表了，全国人民都热烈响应，一股学习热潮形成了。沈阳是最早学习雷锋的地方。果然，3 月 23 日，我在市台时政组听到了雷锋同志生前的讲话录音。这是雷锋 1961 年 1 月 5 日，在辽宁省实验学校做报告时录下的。本来是 4 个小时的报告，可惜只录下了最后的 18 分钟。我们听了录音，还根据录音整理出文字稿。雷锋同志做报告时有些话是用湖南话说的，我是湖北人，完全听得懂。这样，我们又在文字稿上对这些湖南话作了校正。我为雷锋同志的事迹所感动，就把这份文字稿一字一句地抄到了我的日记本上，大概有 3,980 字。

3 月 28 日，我和实习组的同学一起，参观了当时沈阳军区内部举办的"雷锋烈士事迹展览"。我边看边记录，心里无比感动，眼里涌出了不少泪水。我特地用红笔在日记本上写下了自己的心愿："毫不利己，专门利人——向伟大的雷锋同志学习，做毛主席的好学生！"

梅益局长的多次报告

作为我国广播电视事业的领导者之一，梅益局长是十分繁忙的。但是，为了培育我们，这位老新闻、老广播、老前辈，除了在开学典礼上讲话之外，至少给我们做了6次报告。他给我们讲国内形势、国际形势，讲我们的任务和应当承担的责任。

1962年5月，他在访问完古巴、拉丁美洲多国之后，于6月1日给我们做了报告。他讲了访问中突出的印象、古巴革命的意义和访问巴西、委内瑞拉、哥伦比亚、厄瓜多尔等国时的所见所闻。厄瓜多尔一位农民领袖知道了他的身份，就说："给我一台收音机，听古巴、北京的广播。"代表团马上给这个农民领袖买了一台半导体收音机，他非常高兴。

听梅益局长的报告，我一开始只是觉得局长讲得好，听得带劲。随后，我就想：局长那么忙，为什么还要挤出时间给我们做报告呢？我逐渐明白了，局长的多次报告都是有良苦用心的。

首先，局长以自己的实际行动，告诉我们观察形势的重要性。新闻工作和形势是紧密相连的。对新闻工作者来说，研判形势，就像一盏特别的明灯。如果你不了解形势，你就不知道应该采访什么、编辑什么，也无法判断客观事实的新闻价值。

其次，局长给我们讲形势，就是引导我们去观察形势。在他的报告里，隐含着观察形势的立场、着眼点、思路与底气。

最后，局长通过给我们讲形势，还引出了更深层次的思考。局长总是先讲国内形势，再讲国际形势，并且还会讲两者之间的联系。这就是教导我们：一个新闻工作者，既要关心全国的局势，又要关注整个世界的局势。也就是说，要心怀祖国，放眼世界，这样才会大有作为。

梅益局长曾对我们说："同学们，你们要树立辩证唯物论的世界观，立志为共产主义事业奋斗到底。在重大政治关头，能够站稳立场；在日常工作中，能够贯彻执行党的方针政策；在政治思想上要敏感，善于从生活中找出新鲜事物的萌芽，把它提到原则上来加以认识，同时又能自觉地树立业务服从政治、个人服从集体、又红又专的思想。"梅益局长的讲话，当年给我们指明了学习的方向，增强了我们学习的动力。今天再读起来，我仍然感到亲切，感到很有价值。

回忆梅益局长的报告，我们充满无限的敬意。

我还记得，我们在13号发射台农场劳动时，梅益局长到那里检查工作，还到地里去看望过我们。

敬爱的周总理的报告

在我的日记本上，有这样的记录："接到一张黄绿色的报告会入场券，喜得直跳，我要上人民大会堂了。又一看，报告人：周恩来同志，我喜得真像飞上了天。"

这是1963年7月22日晚8时，由中共北京市委组织的"北京市高等院校应届毕业生报告会"，参加报告会的应届毕业生有31,000多人。我们的座位被安排在人民大会堂二楼。我从东门入场，走进万灯齐放、金碧辉煌的人民大会堂，又沿着鲜红的地毯，登上二楼，很快就找到了自己的座位，我很兴奋。没过一会儿，周总理就在全场热烈的掌声中走上了讲台。总理整理了一下讲稿，环顾了全场，大家的掌声更加热烈了。稍过一会儿，周总理抬起双臂，向下打着手势，会场才平静下来。

周总理是从我国的教育方针讲起的。他说："现在我们国家能够升入大学的，还只是极少数，和你们同龄的有1,480万同胞，你们要想到他们，眼光要看大点、行远点。再从全世界来说，和你们同龄的，还在受苦受难的青年，至少有4,000万，他们的命运如何呢？"

总理说："你们自己要明白，你们一走出学校，就属于劳动人民，要为人民服务，要把自己锻炼成为劳动人民的知识分子。"这就是党的要求。

总理说："在我们国家，劳动创造一切，劳动者有前途。就说人民大会堂，如果只有图纸，没有劳动，怎么会有这么辉煌的会堂呢？"

说到"公与私"的问题，总理说："个人属于全体，全体照顾个人；但个人不能都被照顾得那么好，必须先公后私。这是合乎社会主义公民要求的。社会上还会涌现出公而忘私的人，像雷锋同志这样，这就是值得称道的，值得大家学习的。”

最后，周总理对我们提了几项具体要求。

总理要求我们服从分配，等待安排，要过好“五关”。这“五关”是：思想关，先从认识开始；政治关，站稳政治立场，相信党是关心青年的，是会安排好的；社会关，对社会的影响，要能辨别是非；亲戚关，对的就赞成，不好的就反对；生活关，吃得了苦，耐得了劳，要经受锻炼。

总理还要求我们树立新的志向，不仅要到边疆去，还要到国外去。周总理在报告中还多次联系自己的革命经历，教导我们遇到矛盾和问题时应当如何去面对，如何去解决。

周总理在报告的结尾，提高了声调说：“同志们，希望你们做好吃苦耐劳的准备，勤俭建设好我们的祖国！”

周总理洪亮的话音刚落，全体起立，顿时爆发出雷鸣般的掌声，掌声长达10分钟。随后，周总理离开人民大会堂，到各个会议厅会见了刚才只能听到声音的毕业生。整个人民大会堂沉浸在无限的欢乐之中。

周总理的报告将近5个小时，中间只休息了3分钟。我们想：总理日理万机，有多少国家大事要办理，有多少国际大事要处理啊！今天，总理挤出这么长的时间，来面对面地开导我们、指引我们、激励我们，我们真是万分地感动、万分地激动。敬爱的周总理呀，我们一定会以自己的决心和实际行动，来回报您无限的关怀和殷切的期望！

多年实践的回报

本来，在毕业分配时，我是怀着满腔的热情坚决要求到祖国最需要、最艰苦的地方去的，并且列举了6条理由，填上了具体的地点：西藏、新疆、贵州。系里则从全盘考虑，从实际需要出发，决定让我回湖北。系里领导说：“你的革命热情很可贵，现在不光你要回去，我们还要挑出3名北京籍的同学，同你一起去湖北，那里急需采编人员。”从1963年9月2日报到上班，到

1981年2月12日回到母校，我在湖北省广播电台、武汉人民广播电台工作了将近18年。由于学得比较扎实，有一点实践基础，我工作起来"上手快"。领导先让我参与办省台的"青年节目"，随后，又把我转到市台的"家庭主妇节目"。就这样工作了两年多，我又根据需要，负责办省台的"对人民公社社员广播节目""全省联播节目"。那时，我在台里时是编辑，外出采访时就是记者，工作起来比较顺手，比较灵活。

然而，正当我要放开手脚大干的时候，却突然遭遇十年"文革"。在"文革"中，正是母校恩师们的谆谆教导，给了我智慧和力量。我抓住有限的采编新闻的机会，力求为人民群众做点有益的事情。

1972年11月，省台有位记者从外面开会回来，问我要不要发会议消息，我一听是推广省柴灶的现场会，马上说："这可是关系到千家万户的大新闻，你赶快写出来，'全省联播'发头条。"这条新闻播出之后，我想到，在农村采访时，不少群众都反映过他们烧柴有困难。我先后三次参加省委工作队，到农村去做群众工作，都是吃住在群众家里，更是直接感受到了烧柴的困难。因此，我认为，这条新闻应该继续深入报道。我得到了台领导的支持，就按男女对播的惯例，邀请了播音组的两位播音员，让他们和我一起到推广省柴灶的地方——沔阳县袁市公社大洪大队。

当地干部群众欢迎我们采访，我详细地了解了：省柴灶到底有哪些好处？省柴灶为什么能够节省一半的柴草呢？如果要学着打一口省柴灶，应该怎么打呢？经过几天的采访，以上问题都一一解开了。之后，我就在大队技术人员的帮助下，自己动手打了一口省柴灶。打好之后，我们点火一烧，发现尽管柴火是湿的，但还是省柴省时间。我和同去的两位播音员都非常高兴。

回到台里，我很快就写出了广播对话：《谈谈省柴灶的好处和怎样打好省柴灶》。我写好之后，先请同去的两位播音员试播了一遍。我边听边改，对一些语句和语气词做了改动，以求更上口、更生活化一些。经过台领导审定之后，就由这两位播音员（分别扮演生产队长老张和队里宣传员小王）录音播出。他们两人参与了我采访的全过程，非常明白稿件的内容，又能亲身感受到群众的情绪。所以，他们对起话来，相当自然亲切，字音清晰。这个时长 18 分钟的对话，最先是被安排在 1972 年 11 月 27 日的“对人民公社社员广播节目”里播出的。果然，节目播出之后，群众反响热烈，不少人还要求重播。

台领导顺乎民意，破例地决定将整个对话在“全省联播节目”中播出，不过在前面加上了几句介绍性的话。“全省联播节目”是台里最重要的新闻节目，全省各市、县广播电台、广播站都要按时转播。这次播出之后，来自湖北各地和云南、四川、河南、江西、湖南等兄弟省的群众来信，像雪片似的飞来。远在南海西沙群岛附近的一艘军舰的政委听了这个广播对话之后，也寄来一封热情洋溢的信。当时，看来信、去复信、接电话，省柴灶的报道让编辑部忙活了好长一段时间。经过这次省柴灶的采访报道，我更加坚定了一个信念：我是人民广播电台的记者、编辑，全心全意、忠心耿耿地为人民服务，就是我的天职。

湖北台的“听联工作”做得比较好，在全省各地有不少收听点。1978 年 11 月下旬，我受台里的派遣，到省台的一个收听点——浠水县巴驿公社胜港大队了解收听情况。这里位于长江北岸，是鱼米之乡。我想，现在是秋收之后，群众一定会高兴的。没想到我到了胜港大队，遇到不少社员，他们刚说几句就难过地低下了头。我安慰他们，他们说：“记者同志，不瞒你说，今年我们这里遭了灾，粮食减产了，县里不了解情况，仍然按照丰收年的标准，把我们收的粮食大部分征购了，现在家里都快没粮食了。”突然遇到这种情况，我改变了原来的计划，抓紧调查群众的口粮问题。我了解到，在胜港大队，只有极少数家庭中有人在外地当干部或者做手艺人，手里有钱，可以去买高价粮；绝大多数靠劳动工分吃饭的家庭，都严重缺粮，他们只能喝稀粥、吃菜园里的白菜。有的社员为了弄点钱去买高价粮，连家里的门板都卖了。就在前几天，队里四个放牛的小孩，肚子饿得没办法，只好到县城里去“要饭”，

后来总算被找回来了。我采访大队党支部冯书记，问他为什么不向县里反

映群众缺粮的问题，他说："浠水县是全国学大寨的先进县，我们大队又是县里的先进集体，怎么好开这个口啊？"

我把胜港大队群众严重缺粮的问题调查清楚以后，就马上赶到县里，直接向有关领导反映这个问题。那位领导听了后感到吃惊，他说县里不知道这个情况，他们要去调查解决。我赶回台里，向台领导汇报以后，台领导要我赶快写"内参"，向省里反映。我连夜写出"内参"，台里快速打印，并且派机要员直接送到省里。省里主要领导看到这份"广播内参"，经过商议，马上指示浠水县领导要尽快解决胜港大队群众的粮食问题。接着，省里向全省各市、县发出通知，要求各地认真做好调查工作，切实帮助群众安排好今冬明春的生活。

没过几天，胜港大队就来电话告诉我，他们的粮食问题解决了，请我放心。第二年秋收以后，胜港大队又来电话说，今年他们真的丰收了，希望我去看看他们丰收的年景。就这样，我一直和胜港大队保持着联系。我回到母校之后，还和他们联系了好长时间。我们之间真的有一种特别的情感。这次实践，使我深有感悟：作为人民的记者、编辑，就是要把人民群众放在心中；人民群众的利益大于天，我们无论进行公开报道，还是编写"内参"进行内部报道，都应该维护人民群众的利益，实质上，这也是在维护党的利益。

实践在继续，思考相伴而行。每当我完成一次较大的采访报道任务之后，我往往会追根思源，想到母校，想到恩师们的培育。我一直完好地保存着他们授课时我记下的课堂笔记。实践表明，面对具体的采访报道任务，只要灵活地应用恩师们讲授的原理、原则与方式方法，就会方向明、目的清、信心大、办法多。最后获得的成果，往往就是新闻报道和思想认识的双丰收。这一次又一次的"丰收"，就是我向母校、向母校恩师们一次又一次的"回报"！

代代传承与创新

1981年2月12日，因为工作需要，我离别湖北人民广播电台，回到了母校新闻系。回到母校之后，我感到既亲切又新鲜，有一种特殊的情感。当时，在系里张保安、赵玉明、曹璐、张舒等领导和老师的关怀与支持下，我很快便进入教学状态。按照系里的分配，我主要讲授"新闻采访"课，"新闻写作"课和"新闻采编"课也适当讲一点。那个时候的工作状态就是，赶写讲义、授课、批改学生的作业，可以说是全身心地投入。很多时候，白天时间不够用，晚上就接着干。

回顾那个时候的新闻专业教学，我深感贯通其中的基本原理、基本观念，和当年恩师们的教诲以及系里新闻专业教学的主导思想，是一脉相承的。当然，这种传承，是紧跟时代步伐的，是唯物的、辩证的，是和创新紧密相连的。也就是说，既有传承，又有创新，二者是辩证统一的。就以新闻系、新闻学院的第一代教材中，由我个人完成的《现代新闻采访学教程》这本书来说，成书之后，大的修订就有四次，而且每一次修订，都在原有的基础上融入了新的观念、新的信息和新的科研成果。这本书无论是由我校出版社出版，还是由中国广播电视出版社出版，都是比较受欢迎的。现在，每当我听到或看到自己教过的一批批青年学子毕业之后走上工作岗位、成为我国广播电视战线上的骨干力量，并且有不少佼佼者还成为领导，我就有一种特有的幸福感，我感到自己付出的心血与增加的白发，都是值得的。

现在，虽然我退休了，离开教学第一线了，但是，凝聚在我校校训"立德、敬业、博学、竞先"中的学校办学精神和优良传统仍然在我心中，对母校的深深的情感仍然在我心中。我感到，无论是在学校的学风建设、教学质量保障，还是在校园文化建设方面，我仍然是可以建言献策、发挥余热的。特别是在和学生的学习、生活息息相关的校园文化建设方面，我既可以当一名积极的参与者，直接为校园文化建设尽心尽力，也可以当一名积极的维护者。

对那些看起来只不过是举手之劳的“小事”，我们只要重视了、行动了，就会有作用、有意义。

喜迎母校65周年的校庆，要说的心里话还有好多好多。我最衷心地祝愿我们的母校，今后越办越兴旺，影响力越来越大；我最衷心地祝愿我们的母校，今后在创新人才的培养体系、科学技术的创新体系、思想和文化的创新体系的建设方面，能够取得突破性的发展；我最衷心地祝愿我们的母校，今后能够为国家为人民培育、输送更多的信息传播领域的高层次、创新性的人才，在为实现“两个一百年”的奋斗目标、实现中华民族的伟大复兴的“中国梦”的征程中，作出自己应有的贡献！

绵绵悠长学友情

刘 海

光阴似箭，时光如梭。似乎弹指一挥间，60 年匆匆而过。然而，回望逝去的岁月，诸多往事依旧历历在目，令人难以忘却。

广院"黄埔一期"

20 个世纪 50 年代，诞生不久的新中国，犹如一颗冉冉升起的太阳，蒸蒸日上。我国的广播事业随之蓬勃发展，电视也于 50 年代末兴起，急需大批广播电视方面的专业人才。北京广播学院便于 1959 年应运而生了。虽然在首都各高校中，广院建立得稍迟，但一经破土而出，便格外引人瞩目。

虽说是大学，可建院初期，学院却位于北京市复兴门外真武庙二条的老院内，仅有一座马蹄形的五层灰色大楼，所有教学活动和生活起居都在一座楼内；校园狭小，只比两个篮排球场宽大一些，条件设施极为简陋(远不及我高中就读的北京 26 中，其前身是 1871 年建校的汇文学校)。在马蹄形东向的缺口处，有一排中央广播事业局的汽车房，车房北侧为一座两层的小楼，后成为女生宿舍，车房和小楼后面有一条较为狭窄的通道。学校唯一的大门位于学院的南边，面向真武庙二条的街道。挂有北京广播学院横幅校牌的灰楼，正面朝西，一条不宽的马路对面，是全国总工会大楼的东侧面，马路口面向复兴门外大街，那个位置现在是光大银行，学校再无任何发展空间。

广院老院址现为中国广播电视音像资料馆。当年，我和来自全国各地的数百名学子慕名而来，报考并踏入这所北京胡同里的高等学府，丝毫未料到学院条件设施竟如此简陋！建院初期，广院仅设三个系：新闻系、无线电系、外语系。新闻系作为重点系，也是招生人数最多的系，共招收240名学生，最初分为6个班，后分为编采、文艺编辑、电视、播音4个专业。其中，编采专业人数最多，有3个班。播音专业提早毕业，另有部分同学改学了外语。新闻系59级后被戏称为广院“黄埔一期”。

“屋漏偏逢连夜雨”，自建院第二年起，我国连续三年遭遇自然灾害，加之外部超级大国的经济封锁，与邻邦关系紧张，师生们每个月的粮食定量减少，副食品也极度匮乏。面对重重困难，师生们胸怀远大理想目标，同心同德，患难与共，发奋图强，终于圆满完成教学任务，向国家和人民交出了满意的答卷。

在四年的大学生涯中，广大师生结下了真挚的情谊。在那个年代，社会安定，青年学子思想纯真、与人为善，学友彼此关爱、情同手足。1963年毕业分配时，同学们分赴全国几乎所有省、直辖市、自治区。其中，分配留京的人数最多，约50人，次多的为去天津(当时含东北)、新疆、宁夏的，也都在10人以上。当年依依惜别、不舍分手之情之景，仍然萦绕脑际，让人难以忘怀。

学友相聚

1963年毕业时同学们走向祖国的四面八方，我被分配到遥远的新疆，在自治区电台从事编辑工作。六七十年代，我有时会被抽调担任记者，下乡驻站或临时采写报道。由于我国地域广阔，加之工作繁重，起初单位几年才准许我们回家探亲一次，早年也无参会、出差的机会，因而曾多年未与各地学友重逢。即使后来30周年、40周年、50周年校庆之际，我得以和一些学友来京相庆，也只能与部分学友相聚，不失为一件憾事。今天令我无限喜悦与庆幸的是，自80年代初起，我曾两次借调至自治区广播局、广电厅，先是创办并主编《新疆广播电视报》，后主管主持新疆广播电视学会工作，出任秘书长，被聘为中国广播奖评委。其间，我曾回电台创办并主编《经济信息》节目，因此有机会应邀赴武汉、黄山、桂林、承德、武都、沈阳、南宁等地与会或评奖，又途经或前往西安、南昌、南京、上海、郑州、广州、深圳、重庆、大连、长春、哈尔滨等地，还曾两次利用假期短暂自费旅行，自北京，经天津至大连、烟台、济南、泰山及秦皇岛、北戴河，有幸与一些学友会面相叙。现简述如下，愿与学友分享。

1983年11月，全国第一次广播电视报会议（时称全国《亿家广播电视报》经验交流会）由《湖北广播电视报》主办，在武汉召开，本人那时恰好主编《新疆广播电视报》，因此得以赴会交流经验。恰遇在上海《每周广播电视报》担任编辑的张美莹学友与会，我与他特抽出晚上时间，并约上李安琪学友，到湖北电台工作的胡秉衡学友家中，促膝长谈。会后，会务组组织赴庐山，自此与会友分手。至南昌，与江西电视台曹登松和蒋迅两位学友会面。1985年，我赴黄山出席全国部分新闻单位信息协作网第三次会议，恰与江苏电台学友梁珊如相见，彼此都觉得面熟。因我们未曾在一个班，所以毕业一别20余年，险些不敢相认。途经南京，与姜平章、杨茂森学友相叙。1986年，在桂林参加全国省级电台信息协作网会议期间，东道主广西电台组织会议代表赴南宁、防城港等地，因此和梁珊如一起与广西电台魏定中学友相见并合影。会前，途经郑州，与在河南广电部门工作的郭玉山、甘纹、王兴元会面。会后，在广州候机时，我见到了在广东电台工作的严道英、《广州日报》的黄振喜和《深圳特区报》的钟瑞坤三位学友。1991年8月，全国省级电台信息协作网会议在沈阳召开，经联系询问，我得以与在辽宁省广电部门工作的徐万良、董作风两位学友会面。郭东义因赴锦州挂职，未能谋面。会后，我曾赴毕业实习的吉林省电台和黑龙江电台取经，与吉林省电台的李英杰、电视台的詹铁坤和黑龙江电台的刘相臣、张宏宇及《黑龙江广播电视报》的张立功等几个学友相聚。1994年6月由中国广播电视学会主持的中国广播奖评选在南宁举行（原定凭祥），与同为评委的广院学友朱光烈、河南广电厅学友王树茂、时任中央人民广播电台广西记者站站长的刘家骁相见并合影。80年代初期两次自京自费出游，与大连广电局孟昭琴、秦皇岛广电局李大林、山东广电厅郑涛云三位学友相见。

同时，因我原籍在北京，父母等亲人健在之时，我借回京探亲或参会时在京逗留的机会，尽量抽出时间看望在广院、中央三台及北京市台等单位工作的许多学友，每次都倍感亲切。同时，北京、上海、浙江、福建、江西、重庆、辽宁、宁夏、甘肃等地的一些学友，如叶凤英、梁一高、赵思义、徐景杰、张桂之、杨恒茂、万福先、郭友义、李涌泽等，也曾到乌鲁木齐等地参会、讲学或采访，均与我、崔平等联系并相见相叙，足见学友之情，情深意切、绵绵悠长。然而，仍有部分学友始终未能相见，尚存遗憾，如分配到山西的王富琴，贵州学友施奎林、高秀英、唐兆麟、张福林和内蒙古学友高俊生等（多数未与我同过班，仅王富琴同班同组过，她后来改学播音）。

新闻系59级学友，大多在我国新闻传播的诸多领域兢兢业业工作了30多年，把美好的青春年华乃至生命奉献给了国家和人民。自90年代中后期起，大家相继退出岗位，才有了闲暇时间与学友相见叙旧。因此，辽宁学友钱燕茹、辛德祥、孟昭琴，黑龙江学友刘相臣、天津学友何印平和甘肃学友葵建中（原分配新疆）等，几年前先后抵京，我同他们与北京学友一并在《光明日报》的蒋威康家、工人日报社的谢荫达家、广院的叶凤英和刘存志家以及朱光烈家相聚畅谈，这也或多或少地实现了我多年的夙愿。

“心永远与母校在一起”

生老病死是难以逃脱的自然法则。据2013年9月新闻系59级毕业生50年聚会的学友粗略统计，240名毕业的学友中，已有约50位离世，这一消息令相聚的学友悲痛、惋惜。在分配留京的学友中，陈久德是较早辞世的一个。在校期间，我曾与他同游北京香山公园，并合作撰文《香山红叶舞秋风》，投寄广州《羊城晚报》，此文发表于1962年11月12日。他先后在北京电台、电视台工作，他工作勤奋，笔耕不辍，出版著述，刊发文章，最终积劳成疾，于1984年8月20日英年早逝，年仅42岁。他患病期间，我闻讯回京，前往他在北京师范大学的家中探望慰问。后来他情况有所好转，我们又在一次校庆中见面，没想到那次见面竟成永别。学友康文久，曾与我同在一个班、一个学习小组。他来自陕北，是学生党员。毕业后，他和另外4个党员同学（入学后，为数不多的党员同学被分配到各班，有的担任党小组组长或班长。各班还有少量带工资上学的调干生，他们年龄稍大）被分配到同一个中央重要机关，后来长期在国际关系学院从事新闻教学。只要我在京逗留的时间较长，我都会去看望他。20世纪90年代初，公共关系学在我国蓬勃兴起，他所在的新闻系也开设了公共关系学课程，他曾主持举办面向全国的公开课，编写并出版教材，那时我们联系较多，我曾助他一臂之力。2004年，他身患重病，9月18日，我和在京的十几位学友相约前往探望祝好，并集体合影。第二年5月22日，康文久便离开了我们，令人不胜悲惋。26日，众多在京学友赶赴八宝山革命公墓送别康文久。

当年毕业分配时，广大同学积极响应党和国家的号召，“到遥远的边疆去”“到祖国最需要的地方去”“到最艰苦的地方去”。其中，被分配到西北3个民族自治区——西藏、新疆、宁夏的，分别为5人、14人、12人。我与何应貌在校时曾在同一班的同一个学习小组，毕业后又一同被分配到新疆，曾同住一屋，关系一直很密切。他是广西钟山人，被分配到新疆电台后，他和几个同事及学友被派往哈密地区（现哈密市）参加四清社教运动。他曾患中风，面部麻痹、嘴角歪斜，不幸的是，其后又患癌症，于1968年在家乡辞世，成为新闻系59级学友中最早离世的一个。而被分配到西藏的5名同学，因地域特殊、高原环境艰苦，仅有李含智一人长久扎根于雪域高原，西藏成了他的第二故乡（原籍山东潍坊），我从其家人处得知，他已于2008年4月2日辞世，把青春和生命完全献给了青藏高原。

而今，尚健在、从岗位/职位离退十几载的学友（有少数返聘）相继步入老年。2013年是毕业50年，许多学友都有借此机会相约聚会的强烈意愿，母校和中央三台获悉后，均表示会给予大力支持。新闻系59级30多位京外学友不远千里而来，与在京的数十位学友，相聚母校（今中国传媒大学）。青春不再，不少学友已是一头银发或两鬓斑白，有的人已步履维艰或持杖行走；重逢不易，学友们百感交集，句句声声，千言万语，说不尽道不完；有的喜极而泣，有的喜笑颜开，沉浸在一片欢声笑语之中，仿佛返老还童，又回到当年校园生活的美好时光。59 级新闻系学友满怀激动和喜悦的心情在校集会、参观传媒博物馆，参观中央三台原址与母校原址，一次次拍照合影，深深感谢母校和中央三台的盛情款待，相约多保重，来日再相聚。

2014 年金秋九月，母校迎来 60 周年校庆。在年事已高的新闻系 59 级校友中，有的人由于高龄、身体原因无力与会，但仍有十几位京外学友远道而来。无论赴校庆与否，他们的心将永远与母校系在一起。学友间心心相印，学友情谊永远难以割舍，像那白酒清澈炽烈，犹如葡萄酒香醇飘逸，又如啤酒留香持久、味甘清爽。

回　家

——记 2013 年的返校活动

杨天恒

喜　讯

2013 年，我是真的退休了：第一，我参与策划、编辑的国家艺术学科十大重点研究项目中的《中国民间文学集成：四川卷》和《中国民间文学集成：重庆卷》完成了；第二，孙子去年上高中了，外孙子也考上了初中，用不着每天接送他们上学了。

2013 年是我们北京广播学院新闻系首届本科毕业生毕业离校 50 周年，应该回母校去看看母校建设得怎么样了，看看老师和同学们。可是，以前了解母校、老师和同学们的情况主要是通过李家诚同学，自他去世以后，这条线就断了。正当我一筹莫展的时候，喜讯来了！

8 月 20 日，肖学初同学打电话告诉我："天恒，今年是我们 59 级毕业 50 周年，学校邀请我们返校聚聚，你去不去?""去，当然要去!"我不假思索地告诉他。接着，他把有关事项告诉了我："9 月 23 日报到，24 日活动。联系人是我们北广学友刘存志、叶凤英夫妇。电话号码是……"

我欣喜若狂！人们在祝贺亲人朋友时爱说"心想事成"，这是我又一次心想事成了，而第一次是在 60 年前报考北京广播学院新闻系时。

我把这个喜讯告诉了老伴，她也为我高兴得不得了。接着，我拨通了刘存志、叶凤英家的电话，报了名，表示一定去参加这次返校活动。在等待聚会的日子里，我的心里充满了喜悦和幸福。

50 年后的第一顿团圆饭

9月 23 日下午，我和肖学初约好：我在机场等他一起去报到，住一个房间。毕业后，我们俩交往最多，友谊也最深，我得等他。下午 5 点过，学初才到，学初的儿子重阳(《重庆晚报》驻京记者)开车把我们送到了学校附近的北京华丹艺术酒店。

走进酒店大厅，一股暖流向我们袭来。几个胸佩“中国传媒大学”校徽的学弟学妹，带我们去报到、登记住宿。先到的同学们看见我俩到了，都来和我们握手、拥抱，感叹：我们 50 年没见面了，都老了，还能相见，真不容易啊！

学初和我住进 8106 室，放好行李后不久，就听到有人喊：“同学们，到餐厅吃晚饭了！”我俩随着人群向餐厅走去。到餐厅就餐的，除了几位负责组织联系的北京同学外，大多数是从外省市前来赴会的学友。半个世纪以后，几十位年过古稀的老同学一起进餐，个个都激动不已。

宴会开始了，大家举杯共饮，祝贺这次返校聚会成功。年少时分别，老来再相聚，有“同学相见不相识”的情况也很自然。于是有位同学提议，每个人都自报家门，说说自己的姓名、原来所在班级、毕业后分配到哪里工作、本人简单的工作经历等。这个建议得到了大家的一致赞同。每个人都依次介绍了自己的情况。特别是那些自愿从大城市到老少边穷地方工作的同学述说的他们从苦难到辉煌的拼搏故事，更令我们激动不已，让我们热泪盈眶。孙秀锦同学第一次深入基层采访，半夜起来捉虱子的故事，给我留下了深刻的印象。

正当我津津有味地听同学们讲述故事时，我的同班同学樊保安突然问我：“天恒，你出身好，在学校时表现也好，‘文革’中应该没有受到冲击吧？”我回答说：“原来我也认为自己平安无事。可是，1979 年报社党委副书记找我谈话，说‘文革’中有人写信说我是‘五一六’分子。经过他们的调查，没有证据。现在给我落实政策，给我赔礼道歉。这些年来，耽误了我入党提干……”我还没说完，全场便哄堂大笑，大家都说：“‘五一六’是高干子女的组织，只在北京有。你一个农家子弟，怎么高攀得上？”

晚饭到9点多才结束。这顿晚饭吃了些什么美食，我记不住了，可是同学们畅所欲言、欢声笑语、悲泪与喜泪一起挥洒的场面，尽管已过去五年多，至今仍时时浮现在我的脑海里。

难忘的会见

24日上午，是母校领导和老师与我们新闻系59级返校同学见面的时间，也是我们这些老校友这次返校活动的重要一环。在去学校新闻学院参加见面会的途中，我看到了在电视班时的班主任、摄影课老师矫广礼。我忙跑到他面前向他问好：“矫老师，您好！我是新闻系59级学生杨天恒。您还记得我吗？”矫老师马上回答了我：“你是电视班的。”老师的记忆力真好，50多年了，他居然还记得我是哪个班的。

1962年春，从大学三年级开始，我们新闻系分为电视、编采、文艺编辑三个专业，我如愿以偿地分到了电视专业。开学以后，矫广礼老师带着我们班10个同学到天津电视台实习。很遗憾，当时因为自然灾害，国家经济困难，许多省市电视台停播了。学校考虑到电视专业毕业后的分配问题，决定停办电视班，34名同学转到编采、文艺编辑两个专业继续学习，我被分到编采3班。没有想到，只教过我半年的老师，居然还记得我这个学生！

告别矫广礼老师后，我回到同学们中间，继续向新闻学院大楼走去。迎面看到大门上方悬挂着醒目的横幅标语“欢迎59级校友回家”，这让我们这些毕业50年、年过古稀的人心里暖洋洋的。

在年轻校友的带领下，我们来到了召开师生见面会的会议室。校党委书记陈文申、新闻传播学部学部长高晓虹、新闻学院院长刘昶等，以及当年

59 级的任课老师和在京工作的同学都来了。一见面，大家握手拥抱，互相问候，气氛十分热烈。

见面会开始了。陈文申书记致欢迎辞，介绍了 50 年来学校的建设发展情况。教师代表讲话，对我们这届学生在困难时期仍刻苦钻研、努力学习表示赞赏；表扬我们在毕业分配时，服从分配，积极争取到边疆、到基层、到第一线去，有大局观念；表扬我们 50 年来，为社会主义事业贡献了青春和力量。59 级学生代表向母校、老师们汇报了我们走上工作岗位以后的成长过程，以及对母校的关心和思念，感谢母校对我们的教育和培养。

为了回报母校对我们的培育之恩，我们赠送给母校的礼品是我们的同学朱继峰专门为这次返校活动创作的墨宝："育才哺英，吾师恩厚"。

见面会快要结束时，我们全体返校同学向到会的全体老师深深地鞠躬，再次对母校、对老师们表示感谢！

参观中央三台　受到高规格接待

如果说通过这次返校活动，让我们回母校看看新校园、见见校领导和老师们，是我们的要求，那么，参观一下中央三台，就近乎奢望了。但是，经过张振华等在中央三台工作过的同学们的努力，加上同事、校友等关系和中央三台领导对我们这届毕业生的信任和理解，我们的奢望终于变成了现实。

说是高规格接待，表现之一就是三台台长亲自出面给我们介绍业务，带我们参观。台长出差的则由副台长出面接待。其他就不便一一诉说了。

24 日下午，我们参观了中央电视台新大楼：先观赏了一层的花园风景，然后参观节目中心、体育频道，之后在 37 层观看北京全城风景，最后到 38 层餐厅吃自助餐。有同学感叹道：平时只在电视和画报上才能看到的新电视大楼，今天终于进来了！

25 日上午，我们参观了中国国际广播电台。这里是 59 级张振华同学工作和主政多年的地方。台长和多位副台长陪同参观，详细介绍了对外业务

59 级校友 2013 年返校时的留影

拓展情况。自毕业以后，我只在地方报纸从事编采业务，对对外宣传工作不甚了解。听完他们的介绍，我才懂得了对外宣传的重要性和必要性。

当天下午，我们还参观了中央人民广播电台（简称央广）。台长亲自介绍业务情况，由副台长陪同参观。央广大门上的欢迎标语也是“欢迎新闻系59 级同学回家”。又是“回家”，好亲切啊！仔细想想，说“回家”也对。在校读书时，我们每年春节前后都会到央广听众联系组，帮忙给听众回信、寄节目时间表。录制节目时，我们也曾充当过听众，鼓掌、叫好。59级的同学中，毕业后有好几位被分配到这里工作，这样说来，央广的确也是我们的家。

晚饭是在真武庙附近的达生酒店吃的，从5点多一直吃到8点。按照日程，全部活动都完成了。第二天部分外地同学就要起程回家了，大家互相敬酒，反复嘱咐，眼含泪水，依依惜别……几天的欢乐聚会，未来的魂牵梦绕。人说同学会，就如分别多年的兄弟姐妹聚会，这个比喻太对了！

59级校友参观中央电视台留影

基辅餐厅的欢乐夜

26日早饭后，部分同学离京，踏上返程。肖学初因为第二天有事，上午也飞回重庆了。暂时没有走的20多人全部转移到附近的达生酒店。我与来自江苏镇江的方裕喜同学住在816室。

负责组织这次活动的同学宣布：当天自由活动，下午4点半集合，曹璐老师请我们到基辅西餐厅吃西餐，听苏俄歌曲。听到这么好的消息，我们高兴得欢呼起来。

利用上午的时间，我们一帮从外地来京的同学，去南礼士路看了我们生活学习四年的地方——灰楼（北京广播学院旧址）。灰楼消失了，原地建起了漂亮的广电资料馆。一位同学问："怎么把灰楼拆了呢？应该把它保留下来。"这话看似可笑，其实也能理解。我们这些人，在这里与共和国一起度过了艰难岁月，忍着饥饿坚持学习。毕业时，同学们服从分配，奔赴边疆海防，到祖国最需要的地方去，献出了青春和力量。我们这些在基层打拼了一辈子的人，始终没有忘记在灰楼的那些岁月，把这里当成了我们成长的摇篮、心中的圣地，当然舍不得它消失。

尽管灰楼消失了，我们还是在原来灰楼南门的位置，以资料馆和老广播大楼为背景合影留念了。

下午5点，我们到达基辅西餐厅，此时才发现原来餐厅在地下一层。曹璐老师告诉我们，虽然是在地下室，但是西餐很地道。在这里演唱的歌手中好些是苏联时期的著名艺术家、功勋演员，歌唱得非常好。苏联解体以后，经济一落千丈，很多人的生活陷入困境，不得已才到餐厅来唱歌。不过，在这里唱歌收入高，只要一两年，他们就可以回俄国买别墅，过上好日子。

我们一起走进餐厅，发现除了我们订的座位外，餐厅坐满了客人。看来这里的生意很兴隆。坐下以后，除了返校学生，新闻系的赵玉明老师、新闻学院的部分青年教师和携带着采访器材的记者也来参加晚宴。

晚宴开始时，曹璐老师说："今天晚上，大家不要流泪，要高兴，要欢笑。等会儿记者要对大家进行采访录像，每个人都要谈谈对学校的感受、祝福和希望。这几天，大家都很兴奋，吃饭时只顾交谈了，没有好好吃饭。今天晚上，大家都要吃好吃饱，不够还可以加菜……"

曹璐老师和赵玉明老师与我们59级学生是同时进广院的，只不过我们是来接受教育的，而他们是来教我们的。论年龄，他们只不过比我们年长几岁。现在，我们也是年过古稀的老人了，他们还是像长辈一样关心我们、照顾我们，的确让我们既感激又感动。

西餐、红酒陆续被送上餐桌，同学们不约而同地举杯："祝曹老师、赵老师健康长寿！感谢母校老师们对我们的教育培养、关怀爱护！"俄罗斯艺术家们的演唱也开始了。从他们不凡的仪表和演唱的技巧来看，他们的确配得上歌唱艺术家的称号。学校的采访录像也同时进行着，同学们一个接一个地去接受采访，说出我们的心里话：祝愿母校越办越好！同学与老师、同学与同学之间的交谈也在进行着。

我认为曹老师的这个招待宴会太好了，给我们提供了一个深度交流的机会，简直就是学校见面会和欢迎宴会的继续。真的太好了，可我又觉得有点儿不对。啊！对了，我们应该宴请老师才对。事后我与部分同学说了我的想法，他们也同意我的建议。只是，这个想法至今还没有实现。

采访在继续，交谈在继续，艺术家们的歌唱也在继续。《红梅花儿开》《莫斯科郊外的晚上》《喀秋莎》《小路》《伏尔加船夫曲》《三套车》等都是我们从青年时代起就熟悉和热爱的歌曲，所以听着听着，我们也放开嗓子，跟着唱了起来。俄罗斯歌唱家们看到比他们年长的我们也放声歌唱，脸上的笑容更加灿烂了……

欢乐的时光总是过得很快，9点了，艺术家的表演结束了，餐厅也要结束营业了。我们只好依依不舍地离开，坐车回到宾馆。

永远的记忆

27日上午，又送走了一批同学，住在这里的只有我一个人了。老班长蒋咸康问我："你什么时候走，我好送你。"我撒了个谎，说时间还定不了，我还有点私事要办。他说："要不要我陪你去办？"我说："不用，北京我熟悉。"我知道，北京的同学为我们这次返校活动，前前后后累了很多天，我不忍心让他们再为我个人受累了。好不容易才说服他，下午1点半，我终于把咸康送走了。

其实我的“私事”，就是我青年时候的一个愿望。我考入北京广播学院以后，经常乘车往来于古色古香的长安街。当时我很想徒步先南后北地在这条世界著名的大街上走一趟。很可惜，学生时代学习忙、时间紧，我没有做到。工作以后，我每次路过北京，或者到北京学习，都是来去匆匆，没能做到。我也是年逾古稀之人了，如果再不完成青年时代的这个愿望，恐怕留下的就是遗憾了。出发前我就计划好了，把我的返回时间推迟了一两天。虽然我不能像年轻时那样健步如飞地走一遭，但是漫步长安街还是行的。

28 日下午，我如愿以偿地完成了青年时代的计划。傍晚，等到华灯初上，我在天安门广场摇了一个 360 度的镜头，就打车回到了宾馆。

返校这些天，我收到了不少纪念品，有印有“中国传媒大学”字样的水杯和收音机，中央三台送的收录播机、笔记本、广播纪念盘等，还有与母校老师、中央三台领导的合影，这些都是珍贵的纪念，是我永远的回忆。我把衣箱里的衣服全部取出来，把这些纪念品放进衣箱，生怕弄丢、弄坏了。

有人说，老人莫回忆过去。错，我每次翻看大学时的照片，回忆起老师和同学，心里总是充满了幸福感。

29 日凌晨 2 点半，我醒了，也不敢再睡了，生怕错过了去机场的时间。打开床头灯，回想起这次返校活动：和母校老师们参加见面会，参观中央三台，曹老师在基辅西餐厅招待我们，同学们之间互相交流，校园里和央广大门上悬挂着的那两幅欢迎“回家”的标语，欢乐地畅游母校……这些让我深深地感受到：母校是家，老师是妈，同学是兄弟姐妹，我们永远是一家！

4 点半，我办完了手续，准备打车去机场。宾馆的大厅除了值班的女服务员，再无他人。我一个人拖着衣箱离开宾馆，但是我并没有感觉到孤单。因为这里有我的母校，附近的大楼里有我的老师、我的学友，他们睡得正酣。我为我的离别没有打扰他们而高兴。

北京的拂晓好宁静，只能听到车轮摩擦路面的沙沙声。车子也比白天时少了许多，我乘坐的出租车一路直奔首都机场。

再见，北京！再见，我的母校——中国传媒大学！再见，老师们、同学们！我还会回来看望你们。

后记：2019 年 3 月 23 日中午，谦诚给我发来微信，要我写篇回忆 2013 年 9 月我们新闻系返校活动的文章，我感到为难。还没想好怎么回答他，下午 5 点，又接到他的电话，他一再要求我写这篇文章，我才斗胆应承下来。清明前后，我又回了一趟故乡，4 月 9 日才回来，便着手写这篇文章。写写改改，方写就这篇文不成章的文字。遗漏错讹之处，请诸位老师、学友指正修改补充。

现在回想起来，2013 年 9 月母校邀请我们返校的活动确实很好：第一，加深了我们与母校的联系；第二，加深了我与母校老师的联系；第三，加强了我们 59 级同学之间的联系。

从那以后，我们团结一致，帮我们系（现在的学院）、校博物馆解决了一些难度较大的难题，如整理大事记，梳理 200 多位同学入校后的流动情况，几次分班的情况，各次分班的情况及各班教师、班长及同学的分组情况。同学们为学校博物馆搜集了不少校史资料，向校图书馆捐赠了不少图书资料。总之，我们这些分散在祖国各地、世界各地的学友，找到了共同的家园。因此，此事值得我们记上一笔。

昆仑山上的石头

——“灰楼一59”群像

于 力

写在前面

这篇小文谈谈“雪山群”。

提起“雪山”二字，人们往往会想到昆仑山、冈底斯山、乞力马扎罗山等巍巍雄峰。它们高与天齐，比肩星斗，是冰原冰川与长江大河的母亲。而我要谈的“雪山”，尽管也已“积雪”盈头、终年不化，但他们的海拔多数也就是一米六七，有的甚至更谦逊匍匐。在海拔上，他们与寻常雪峰是无法相提并论的。

但是，在海拔之外，则每每令人惊奇，从他们身上往往可辨雪岭冰峰的身影。他们固然称不上雄峰，但可以响亮地说，他们至少是雪山山巅上在风雪中屹立、在严寒中扎根的石头。

我说的是“灰楼一59”群，群成员是我的母校——早年的北京广播学院，现在的中国传媒大学——的同届同学。

灰楼 59

一辈子过得真快，

三脚两脚，就走到了七十岁。

老了！然而，我们还要

写一首年轻的诗。

……

我们被戏称为“黄埔一期”，群友的额顶均已堆满皑皑的“积雪”，个个都是白发苍颜的老人，这是个不折不扣的“雪山群”。三四个月前，他们的心随着微信的电波在广阔无垠的海天间翱翔，又聚合在一起了。一些在气度、风骨上高海拔的故事，便在这个低海拔的“雪山群”里发生并流传开来。

1

人物之一是网名为“刘姥姥”的群友。建“灰楼－59”这个群，他是首议者，名为姥姥，其实是个铁骨铮铮的汉子。他大学毕业后被分配到上海，“文革”中不屈于“四人帮”的淫威，与另外两个同学写了揭发张春桥的大字报。结果呢，三个人都被投入了监狱。当时的事实是，在铁窗后“乱咬”同学，是可以从轻发落的，但他拒绝这样做。于是，日出日落了一千次，三年之后，“姥姥”才蹒跚地走出铁门。

他出狱的第一件事不是跑平反，不是算总账，而是踉踉跄跄地直奔火车站，抢购了一张火车票，争分夺秒地赶回老家去看老人。

结局我不想多说了，他的心直到今日还在滴血。

但是，他给群友选发了这样一条微信：

“当我老了，我仍选择善良。不是我软弱，因为我明白，因果不空，善恶终有报应；我选择宽容，不是我怯懦，因为我明白，宽容了他人，就是宽容我自己；我选择糊涂，不是我颟顸，因为我明白，有些东西不必去争……”

不必再多引了。这种襟怀与洞透，难道不足以与任何高海拔相抗衡吗？

2

另一个有故事的人曾是我国对外广播的一台之长，他与大家一起让含笑谈真理的中国声音传遍亚洲的每个角落。某边陲的山那边的听众越来越爱听中国的广播，而境外某些人如坐针毡。为了应对中国的“广播入侵”，他们拨出巨款增强自身的广播实力，而人心的向背自然不是凭这种“抵制”就能决定的。

这只是众多例子中的一个。台长的高度我们可想而知，但他一直未忘脚下——同学中普普通通的一员。他依旧怀着草根情怀和靴子情怀，无论是同学聚会还是年级出书，里外张罗的“服务员”里总有他忙碌的身影，在群里他也是言辞恳切、态度平和、对大家照顾周到的普通一员，一位博导老同学说：“我最喜欢你的一点就是居官不傲。”母校让他在新生的开学典礼上做个发言，他大致是这样说的：“因为代差，我必须讲短话，以便在你们要打瞌睡或想玩手机之前打住我的讲话。讲点什么呢？两个字：担当！立志做一个有担当的新闻人。新闻人应该是党、国家和普通大众的喉舌和代言人，应该是国家这条大船上的瞭望者，应该是时代的发现者、呈现者、发问者、探索者、鼓呼者、推动者与领导者。”“欲达此境——当然要学好专业知识、专业技能，但这是远远不够的，还有比这二者更重要的东西，比如，科学思想和时代理念就比专业知识更重要，家国情怀和责任担当就比专业技能更重要。专业知识、专业技能只是一种显性能力，是一种硬性、基础性和工具性能力。有此，你可能会成为一个新闻匠人，却难以承担应有的责任。而要成为一个优秀的新闻工作者，还必须具备多种隐性能力、软性能力，虽然它们难以被量化，但它们却是更高层次的决胜性、终极性能力。这其中就包括要有政治家的头脑、哲学家的思维、史学家的良知、慈善家的情怀、外交家的事业和艺术家的才华。我们在许多时候还没有做到，因此才把球踢给你们。因为一代胜过一代是时代的要求！我冒昧地代表‘黄埔一期’的所有同学祝你们飞得比我们更高！”

他的发言在微信群里广泛传播，甚至远在大洋彼岸的同学在对华人学子讲话时也把他的发言要旨做了宣讲。我们除了赏其观点，更爱其格调与情怀。

这种格调与情怀，不也是一种峭拔的海拔风采吗？

3

类似的同学还有——

一位在校时的学习尖子生，离校时在《毕业歌》里写道："大海捧出了旭日，朝霞擦亮了天空。勇士们高歌前进，何惧关山千万重。远离北京千万里，母校永远在心中。"毕业后他渐渐成长为学术尖子，念念不忘的仍是让"朝霞擦亮天空"。曾任主持人委员会理事长的他，带头创立了"金话筒"奖，在业内起了极大的推动作用，获得"金话筒"奖成了主持人们的梦想。今年，他交班了，在换届大会上，被聘为名誉主任。新任主任敬一丹深情地宣读了给他的致敬词：

"他，其实习惯沉默，却在近30年时间里，用勇气与前瞻的眼光，为说话的人说话；他，总是躲开关注，却为中国打造出一支金话筒；他，没有得到主持人的名声与掌声，却付出了不可弥补的代价。泪水落下，感动我们这四世同堂的家，也浇灌出我们该献给他的花。××老师——主持界的主持！"

有的同学离开了广电系统，到报社、杂志社和出版社工作，也独当一面，默默奉献。一位长期任驻外记者的群友总是低调做人、高调做事，曾在国家级大报负责一个方面。他业务水平突出，自己却低调至极，总以一个会写字的打工仔自居。

有的群友成了率领局台开创新局面的台柱子，有的获得过范长江新闻奖，有的成为闻名遐迩的博导、名编，经他们传播开来的名牌节目、名牌项目比比皆是，如《经济半小时》、体育实况转播、重大主题系列广播，等等。也有人到了党政企业部门。许多人在全新的领域开创出新局面，成为各路精英。还有的被选为北京市和某些省市的人大代表、政协委员及学术组织的负责人。他们的草根情怀依旧，脚踏实地，发挥了作用。

4

下面介绍一对"天山石"——一对在天山脚下扬鞭驱驰了24年的夫妇。

这里说的扬鞭并非诗化的比喻，而是货真价实地在大草原、大戈壁上骑着马日夜兼程。毕业后，他们主动请缨来到新疆，被分到边陲的记者站做记者。那时的新疆还没有多少公路，即便有也往往是黄沙路、搓板路、泥浆路、冰雪路。而汽车也不是大巴，大多是拉货的敞篷卡车。车上无遮无掩，沙飞尘蔽，能见度几乎为零。现在一天可以跑完的路程那时要走七八天，而那是怎样的七八天啊！在天山的百里风区，风可把卡车吹得如跳舞般漂移。盛唐边塞诗人岑参在《走马川行奉送封大夫出师西征》中云："君不见：走马川行雪海边，平沙莽莽黄入天。轮台九月风夜吼，一川碎石大如斗，随风满地石乱走。"因为全年大风不息，这里的胡杨被吹得全部倒地、匍匐而生，偶尔无风的日子也直不起来了。

我们的"天山石"则绝不匍匐。

她和他有机会坐车已属幸运了。车过 3,000 米以上的天山冰达坂时，车轱辘几乎是在滑冰。而一边是雪崩石落的绝壁，一边是看不到底、连边沟护墙都没有的深渊，他和她只能把生死置之度外。上了车，唯一担心的是怕把录音机震坏。上车后第一要务是把 10 多公斤的老式电子管录音机抱在怀里，放在腿上。一路颠压，大腿从疼到麻，到最后失去知觉。到了目的地，得请别人把录音机搬开，活动一会儿后，他们才能颤巍巍地站起来。

而许多时候连坐这样的车都不可能，只能骑马。她第一次骑马时，屁股被磨烂，血水使内裤与皮肤粘连，疼痛难忍。晚上写稿时只能时而站着写，时而跪着写。而他有一次在戈壁滩上夜半迷路，四周漆黑、不辨南北。他孤身一人，只有那匹老马相伴。幸亏老马识途，跋涉良久，一人一马才相依为命地走出来。

他们在微信上说："新疆，魂牵梦绕的第二故乡！我们的心永远留在献出了青春年华的天山南北、莽莽昆仑！"

那里的和田玉价值连城，那里的水晶石贵如拱璧，但这些与我们的石头均无可比性，这两块石头是无价的。

5

下面要介绍几枚绚丽多姿的五色石。

一枚是60年校庆时为全年级出回忆录的主编。他为出书费尽心力，与四面八方的同学逐篇商量构思。而在这之前，他连受两次痛失亲人的打击，先是老父往生，后是贤妻西去，至孝至诚的他甚为悲伤。但时过未久，编务落在肩上，他忍着悲痛坚持编书，只是以往沉于编务时素求安静，当时却总把电视机音量开到极限，以期让噪音赶走孤独。他给好友转过一条微信：某富翁因爱一古琴而偶识琴主——乃一乞丐，未料此乞丐视琴若命，绝不出手，高价亦拒。富翁无奈遂求其常来弹琴，丐允。日久，二人竟因琴为友。孰料丐猝死，琴终归翁。然翁怅然若失，每临琴必思丐友，愈思愈痛，一日，竟将琴摔碎，乃静。

其情与他差近之。

其情可谓专矣，其意堪称深矣。其深，其专，何等海拔可比之？

那部书——《永远的灰楼》，是被注入了这样一种沉甸甸的感情并编成。

另一枚五色石是我们雪山群——"灰楼—59"的群主。她在大学时期是学生话剧社的女主角，韶华如水，尽管现在已白发盈头，尽管腰椎损伤、行动受阻，尽管爱人入院她要早出晚归、日夜操劳，比起青春似火的大学时期，她非但热忱不减，反而更加激情勃发了。她的话剧舞台扩大到"大海无边天作岸，群山无涯人为峰"——同学聚会，校庆出书，她总是组织者之一。几个月前，她又与"姥姥"一起发起建立了这个微信群。她逐个寻找天南地北的老同学，与他们建立联系，劝说他们入群。不少同学没接触过微信，例如那对天山夫妇，她就隔空教授。不少阔别了几十年的老同学上一分钟刚学会操作，下一分钟就跨越千山万水，在"群"里惊喜团聚了！

电波是无形无色的，但这种团聚的色彩何等艳丽！

我们当然也无法不说这样一些人：每当霞光初吐，他会和曙色一起轻轻叩开每个群友的黎明，把第一缕金粉似的霞光和第一声温馨的早安送到每个群友的心上，接着会发送当日的新闻、财经消息。此事做一次不难，做几次亦可，几个月来，百余天如一日就不容易了。大家不知道做此事时他身体日弱，却不愿与大家多谈此事，只是圣徒般、天使般地每天为群友争分夺秒地服务，力求把对同窗、对母校的深情化为每一天的点点滴滴。他还为每个群友合成了图像，每个周末、每个节令、每个节假日都会及时发来注意事项……

还有一位群友，在辽阔楚天是出色的“双导”：本职导演加兼职导师——教授本科生及研究生。其弟子活跃在影视前沿，有的还任职于央视相关部门。她个人生活不顺，却笑对命运的挑战，把工作奉献当作人生信条。生活历练让她对人的剖析入木三分，许多作者都从她那里获得教益。

而另两对终生与电波、与广播新闻学共命运的夫妇，同样把奉献当作人生信条，他们知足常乐、知难而进、知止常清。在母校课堂、在雪山群里，他们都是播种阳光的人。

更为突出的是，群里还有一“小”一“老”。“小”的一位是我们尊重和敬爱的温济泽老师的爱女温飙。温济泽老师在“反右”后受难，但同学们从没有把他当成异己，同学们称温老师是“点亮心灵之火的人”，在温老师官复高位之后大家同样不把他当成“外人”。历经坎坷之后，师生的心贴得更近了。同学们爱师及女，齐把温飙迎入群里。“老”的是一位亦师亦友、年近八十的退休老教师，这位老教师自称是我们“灰楼－59”群的粉丝。她说：“我和‘灰楼－59’群的关联，是我们对广院建院初期那份刻骨铭心生活的共同记忆，包括青春、事业、专业乃至对生命的成长、成熟的感悟，这些背后是母校对校友的呵护，以及白发校友对母校的深情祝福。”这正是“灰楼－59”群特定的凝聚力与生命力。

在雪山群里类似的珍宝并不稀有：这些珍宝或汇入创立“中国民歌”系列节目的闪光岁月，或化为《咱们工人有力量》那钢的音符、铁的旋律；或如梦如幻，化为大小三峡及万州的旖旎风光，或如歌如诗，化为中原大地的深厚与深沉。紫金山下莫愁湖的细浪和花果山旁东海的洪波中，有他们倾注的深情厚谊；太行吕梁的雄奇及塞外江南的妩媚中，丝路的花语及敦煌的飞天中，有他们共鸣共生的真情。这些或在最冷的天山播音室里化为最热的令人血液沸腾的报道，或在白洋淀水乡的绿韵中与雁群一起，在电波里报告春风又绿新水岸……

炽热的感情，动物也会有，但人之情感最深最切。其表征不在海拔之上，而是在深深的海拔之下。桃花潭水深千尺，不及汪伦送我情。如此深、如此切的感情，何种海拔堪比之？

明白了这一切，我们就能明白他们的海拔是不容易测量的。

6

这个群里，也有成了作家的。其中两位同学离开大学后历尽坎坷，饱受磨难，一个成了钣金工，另一个在农村种地长达七年。写东西总是需要点儿时间的，但在农村种地的同学的时间饱和度十分高：他常年下队蹲点，随身带工分本，一年要劳动300天。那时“学大寨”运动轰轰烈烈，社员出门讲究赶在打钟之前，有几天，天刚蒙蒙亮，他就下地了。他下地的时间必须比最早的社员还要早，这样才能弄清楚收工总结时该表扬谁。晚饭前收了工，吃罢夜饭他还要挑灯夜战——搞农田基建。夜战收工时已是深夜，他要组织“毛泽东思想文艺宣传队”排练节目。这些都散了之后，他还要把社员学小靳庄写的民歌修改定稿，写成墙报。然后，他才能回到住处，这时鸡早已叫过头遍。他极想睡却强迫自己不睡，用冷水擦把脸，把草席一掀，端过油灯，将床板当桌子，坐在两块旧砖上开始创作……

那时的他整夜不睡是常事，写第一个剧本《张衡》时，他极度亢奋，三天四夜未睡，脑袋险些出事。他的作品就是这样从田间地头走到中央和各省市的报刊上、书架上、课本上、银屏上的，一直走到美国、韩国、伊朗和我国港台地区……现在，近耄耋高龄、心脏已做过三次手术的他还在写，笔耕不辍。

而那位钣金工，则用粗糙的双手，同导演一起从法兰西总统夫人手中捧回了大奖。他到省电视台以后，又成了台里的获奖专业户。

不是他们有什么本事，而是母校与老师的言传身教，给了他们顽强的意志，赋予了他们某种不甘于低海拔的秉性。

大江东去，浪淘千古，淘不走江底的石头——一切都会过去，只有真理留下。真理是时间与实践的女儿。

重阳节，大家选发了这样一首诗，在微信上相互鼓劲儿：

一辈子过得真快，
三脚两脚，就走到了七十岁。
老了！然而，我们还要
写一首年轻的诗。
七十岁，
我们把所有的苦难所有的快乐
都埋在昨日的路上。
七十岁就是我们
得天独厚的起跑线。
让最纯净的风
吹拂襟怀，
让最艳丽的花
染香衣角。
走在大街上，
还要挺一挺胸脯，
哼一支青春期的老歌，
把思想的触角伸向天边的星宿。
用晶亮的语言和我们
交流，
七十岁，往下走也许会
愈加踉跄，

但只要大地还在脚下，

我们就依然是一棵不倒的树。

每一天

依旧是高贵的

启程。

这是“灰楼—59”心灵深处的声音。

一块块石头横亘在天地间，凝日月之精华，聚天地之浩气，峥嵘嶙峋，陶冶成形，不是石头多金贵，而是时代的熔铸、母校的雕琢、老师的叮咛、同窗的砥砺没有白费。他们不是贵若星宿的补天石，也不是暗含玉璧的卞和石。但是，如果没有他们，不论是天山、昆仑山，还是冈底斯山，都不可能拔地而起，更不要说耸入云霄的巍巍第三极了！

向你致敬，雪山的石头！

向你致敬，雪山群！

向你致敬，我亲爱的母校！

群友们，打好背包，背起行李，让我们继续启程吧！

献给我们的灰楼母亲

张清廉

那是初秋的一个早上，
我肩扛行李手提书箱。
灿烂的阳光洒满大地，
沐浴着我激动的心房。

一纸薄薄的入学通知书，
承载着一沓厚厚的梦想。
我走进一座凹形的灰楼，
走进渴望已久的大学殿堂。

灰楼母亲热情迎接她的孩子，
深情地张开她那温柔的臂膀。
她把我紧紧拥抱在她的胸前，
一股暖流在我周身缓缓流淌。

五层的灰楼是我们唯一的校舍，
宽阔的马路是我们的校园和操场。
一日三餐我们围着餐桌练习站功，

挪开饭桌餐厅就成了周末的舞场。

我们睡的是硬邦邦的双层木床，
二十来个同学就像亲兄弟一样。
只有在南腔北调对话的时候，
才能分辨来自广东还是黑龙江。

两个烧饼一碗清汤难饱辘辘饥肠，
艰辛的求学把我们锻炼得越发坚强。
我们立志成为一名合格的广播战士，
挑灯苦读，我们不敢荒废片刻时光。

我们的课本讲义纸张粗糙泛黄，
但它浸透着清凉山历史的辉煌。
广播前辈艰苦创业的点点滴滴，
成了我们做人做事的光辉榜样。

四年后的秋天又是一个早上，
像是出征的战士我们打点行装。
我们即将辞别我们的灰楼母亲，
奔赴那看不见硝烟的战场。

母亲谆谆教诲铭刻在我们心上，
语重心长的赠言我们终生难忘。
带走一张和灰楼母亲珍贵的合影，

挥之不去的是难舍难分的儿女情长。

我们记录着当代也书写着历史，
赤子之心时刻和祖国的脉搏跳荡。
长城内外留下了我们深深的足迹，
大江南北到处有我们青春的闪光。

如今我们都已白发苍苍，
今天有幸回到您的身旁。
我们心中永远的灰楼，
早已化作一幅模糊的影像。

今天母亲早已改变了梳妆，
宏伟的校园是您崭新的衣裳。
历经六十五年坎坷风雨沧桑，
您青春焕发更加年轻漂亮。

仰望着一座座高大的楼房，
倾听那排排白杨轻声的歌唱。
我们像是回忆着遥远的过去，
又像是把母亲的未来畅想。

我们的灰楼，我们的母亲，
您的爱永远在我们心中珍藏，
哪怕我们走到天涯海角，

时刻也没有把您淡忘。

今天我们向母亲庄重地汇报，
您的孩子没有辜负您的期望。
祝福您我们的母亲永远年轻，
祝愿您我们的母亲永远健康！

嗨！广院的老宝贝们(后记)

陈继东

《灰楼岁月——双甲子记》终于付梓，半年的联络、约稿、整理、协调等工作将告一段落，此时浮现在眼前的是一张张可亲可敬的面孔。这本书的编辑过程，也是我和广院的老宝贝们从结识、熟悉到相互了解的过程，我们有着几十岁的年龄差，有着不同的成长经历和环境际遇，这让我能从一个更广的视角来观察和注视他们，对他们世界的探索让我更加认识了自我，谢谢你们，广院的老宝贝！

我和老宝贝们初识于2013年9月的一个上午，一群白发苍苍又精神焕发的老校友来到传媒博物馆参观，这是新闻系组织的59级校友返校活动。从1963年到2013年，他们离开母校整整半个世纪，为了这次活动，许多校友从外地赶来。我当时正在展厅接待，老校友们兴致很高，对与他们专业相关的展品高谈阔论，当看到一张1959年开学典礼的合影时，他们迅速聚成一团，久久不肯离去，有的摘下眼镜，有的低声讨论，在那张岁月斑驳的照片上不断找寻和辨认。

2014年，恰逢中国传媒大学建校60周年，学校举办了隆重的纪念活动，包括推出"中国传媒大学建校60周年展览"，我作为策展人，开始系统收集学校档案、照片和相关实物。有一天，一封来自辽宁的信放在我的办公桌上，里面是一张1959年北京广播学院新闻系的录取通知书，一张佩戴校徽的学生照片和一个名片大小、印着"标兵"字样的布标，信的主人叫胡永贵，是广院新闻系第一届毕业生。对这些东西，他视若珍宝，保存了50多年，当得知母校要办校庆展览时，第一时间寄给了传媒博物馆。

还是 2014 年，为纪念温济泽百年诞辰，传媒博物馆举行温济泽雕像揭幕仪式，很多师生和校友应邀参加。活动结束后，馆长把我带到一位和蔼而朴素的长者面前，告诉我这是学校 59 级校友——中国国际广播电台前台长张振华。台长把几本旧书交到我手上，说这是学校初期的教材，要好好保存。那些教材是油印的，纸张和字迹都已变色，被翻过多次，能看出当年主人对它的珍视。

2015 年，我和同事拜访了住在校内的 59 级校友朱光烈。朱老师有着如炬的目光和独特的思想，他的房间从地面到天花板，堆满了各种资料和书籍，我们无处下脚，于是坐在客厅里等待朱老师给我们一些资料，这时书房里传来“咚”的一声巨响。我们冲进去时，看到近 80 岁的朱老师和一张椅子一同倒在地上，他是为了找一份资料而爬高才摔倒的。这份资料后来成为校史馆最重要的藏品之一——1959 年 9 月 15 日出版的北京广播学院第一期院刊。

从 2016 年起，学校逐渐把校史馆建设提上日程。校领导说，校史馆就像是一个祠堂、一个家庙，是把我们联系在一起的地方，有了她我们才能更加清楚地确认我们的血缘和特质。有 2014 年的展览做基础，我顺理成章地成为校史馆的主要策展人，但是相对于布置一个展，布置一座校史馆对于我来说难度和压力剧增，我们向校内、校外，通过互联网、信件、报纸等各种方式征集藏品、收集史料。出乎我们意料的是，离开学校最久的 59 级校友给了我们最有力的支持，录取通知书、学生证、行李票、毕业证，以及数不清的教材、笔记和照片陆续被捐赠到校史馆。透过这些实物和线索，已经蒙尘的历史在我眼前逐渐展开并清晰起来，我甚至知道当年学校都开设了哪些课程、各个专业的实习和活动是什么，以及都有哪些社会名流来学校办过讲座。通过对这些信息的梳理，学校早期的办学思想和理念就不言自明了。

2017 年 6 月，几位 59 级校友再次到访传媒博物馆，专程为校史馆捐赠藏品，他们是杨天恒、蒋咸康、刘海、朱光烈、白谦诚及其夫人马秀娥。如果说2013年那次参观，59级留给我的是一个模糊的群体印象，那么这次会面后，他们每个人的影像逐渐清晰：白谦诚老师是金话筒奖的创始人，工作上成就无数，陪伴在他身旁的另一半也温暖慈爱；杨天恒毕业后回到故乡四川，成为当地不可多得的新闻写作人才；蒋咸康是当年的班长，保存的有关灰楼的资料和照片最多；刘海是同学中的活跃分子，毕业后分配去了新疆，直到退休才返回北京；朱光烈是59级为数不多的留在学校的一位，多年来一直在学报默默耕耘。

2018年末，一则微信开启了我与老宝贝们的深度交往。白谦诚编写了一篇关于59级的大事记并将其发给校史馆馆长潘力，馆长第一时间转发给我。一万多字的篇幅，从开学到毕业，点点滴滴地记录、讲述了一个关于广院的故事。这个故事里有每一位59级同学的参与，每个片段都有亲历者的佐证，它的存在证明了灰楼岁月可以超越时空而永存。潘力馆长是一位富有激情和强烈使命感的领导，他提出以这篇大事记为基础，帮助59级校友出版一部纪念文集，作为对学校65周年校庆的献礼。由于这个机缘，我荣幸地与白谦诚搭档，共同完成这部书稿的编辑工作。

2019年3月开学以后，我第一次到白谦诚家拜访。他住在首都的绿肺旁，家里有着极好的采光和视野。与2017年见面时相比，白老师的身体状况差了不少，很难想象在这样的情况下他完成了大事记和59级新闻系全体同学名录的编写，这些内容需要强大的记忆和琐碎的整理、分析、求证。与白谦诚一起推动和指导书稿每一步进程的，还有张振华，虽然从2014年之后我们未曾再见，但他会随时与我微信沟通，对后辈的支持、对同学的关爱，我隔着屏幕都能感受得到。

在编书过程中，通过阅读他们的文字与他们交谈，我进一步了解了他们的精神世界。他们也曾和我们一样，青春且稚嫩，好奇又迷茫，但他们又似乎和我们不一样，他们的理想宏大而神圣，他们的目标具体而笃定——国家需要和社会需要是他们唯一的价值选择。他们有着我们羡慕的单纯美好的环境，我们有着他们未曾经历过的诱惑和挑战。

在这个年代，平淡的日常也会带来令人难以喘息的压力，工作、学业、孩子、家庭，追求个人幸福仿佛成为理想本身。在这样的时代，精神上的指引该如何落实为脚下的步伐？老宝贝们用他们的人生经历给出了答案：无论做什么，都要守住内心的价值标尺，并认认真真地践行终身。有些坚固的东西，不会轻易烟消云散。

这些广院的老宝贝，是广院的第一批孩子，生于1959年，灰楼是他们第一个家，也是一生无法割舍的乡愁。通过他们，我触摸到这个校园里最古老而珍贵的东西。给出版社交稿的那天，正好是2019年5月4日，这个日子让我想起了老宝贝们。青春与白发，在他们身上体现得那么和谐与自然。无论60年前还是60年后，老宝贝们始终拥有纯洁透明的心灵和百折不挠的信念，恰同学少年，风华正茂。

最后不得不提的是，本书的出版还有赖于几位关键的“幕后推手”——传媒大学教育基金会金勇秘书长、中国传媒大学校友办李伟主任、学科办庞亮处长，是他们的鼎力支持和倾心相助，解决了一系列关键问题，他们为此书的出版付出了极大热情与努力。需要特别感谢的还有陈文申书记，他不仅是中国传媒大学党委书记，也是传媒大学教育基金会理事长，为本书的出版提供了宝贵的支持，在此一并致谢！

2019年5月8日

图书在版编目(CIP)数据

灰楼岁月:双甲子记 /白谦诚,陈继东主编. --北京 ：中国传媒大学出版社，2019.9

ISBN 978-7-5657-2537-1

Ⅰ.①灰… Ⅱ.①白… ②陈… Ⅲ.①中国传媒大学新闻学院－校史－文集 Ⅳ.①G649.281-53

中国版本图书馆 CIP 数据核字(2019)第 187669 号

灰楼岁月:双甲子记

HUILOU SUIYUE:SHUANGJIAZI JI

主　　编	白谦诚　陈继东
策　　划	张　旭
责任编辑	王　硕
特约编辑	陈　默　张　蕊
封面设计	风得信设计·阿东
责任印制	李志鹏
出版发行	中国传媒大学出版社
社　　址	北京市朝阳区定福庄东街 1 号　　邮编:100024
电　　话	010-65450532 或 65450528　　传真:010-65779405
网　　址	http://cucp.cuc.edu.cn
经　　销	全国新华书店
印　　刷	北京玺诚印务有限公司
开　　本	710mm×1000mm　1/16
印　　张	黑白 13.25　彩色 0.5
字　　数	200 千字
版　　次	2019 年 9 月第 1 版
印　　次	2019 年 9 月第 1 次印刷
书　　号	ISBN 978-7-5657-2537-1/G·2537　　定　价　68.00 元

版权所有　　翻印必究　　印装错误　　负责调换